表現に拓く国語の授業

尾川佳己

溪水社

序

本書にまとめられた国語実践とその考察は、どれを取り上げてみても尾川佳己先生そのものという印象がある。どういうことかというと、実践の入り方、展開の仕方は、先生のお人柄もそうなのであるが、堅実でおだやかである。ところが、その実践の入り方や展開の仕方を根底で支えているものは、先生が内に情熱や思想をひめているように、国語教育への深い思索や鋭い考察なのである。各実践論考の端々において、また、末尾に示された簡潔なまとめにおいて、そのことに気づかされる。「いぶし銀のような」というのは、こういうときに使うのがふさわしい言葉なのであろう。

書名の「表現に拓く国語の授業」は、尾川先生も述べているように、「高次の『表現力』を育みたいという願いを、子どもの学習の文脈に即して、むりなく自然な流れで単元に組み込んで、表現へと『しぜんのうちにはこぶ』授業づくりを目指してきた」点に発している。そこには、子どもたち自らが「表現を拓く」面と、支援して「表現へ拓いていく」面とをあわせもつ国語の授業を創造しようとする願いがある。同時に、「表現によって国語の授業を拓く」という意思もあり、「に拓く」には格別な思いがこめられている。

本書は、次のような章節で構成されている。

第Ⅰ章　理解で培った力を表現に生かす
第一節　理解で培った力を表現に生かすための枠組み
第二節　読み取ったことを表現する
第三節　読み取った文章や構成にならって表現する
第四節　創造的に表現する

第Ⅱ章　表現力を育む
　第一節　作文力を育む
　　第二節　音声表現力を育む

第Ⅰ章は、第一節で枠組みを三つ示し、その一つ一つを第二節以下で実践展開例によって解明していく構成になっている。第一節で枠組みを示す際も、惜し気もなく具体例を提示していくので、読みやすくてわかりよい。たとえば、「読み取ったことを表現する――石うすの歌（六年）――」では、「1　千枝子の心の変容を読む／2　石うすの歌の続きを書く／3　三連構成の詩を書く」というプロセスを例示する。これを、第二節では、別の実践（「たんぽぽのちえ」二年――絵本、「一つの花」四年――子育て日記）によって論証していくのである。

また、たとえば、「創造的に表現する――夢のお話を書こう（四年）――」では、「1　視写をしてイメージを広げる――読み深めるための活動――／2　他の夢のお話を読む――表現のしかたを身につける活動――／3　構想をねり表現をひろげる――創作する活動――」というステップをふむ。それを、第四節では『ひらがな虫』のお話づくりや挿入話を書くこと」の実践で例証していくのであるが、その間にこの種の実践で基本的におさえるべきことや、指導者が投げかけていくポイントなどが、簡潔にきちんと示されている（たとえば【夢のお話づくりの約束】【夢の仲間分け】等）。

振り返れば、山下明生「ひらがな虫」にもとづく「ひらがな虫」のお話づくりに打ち込んでいた一九八四年当時の、尾川佳己先生の生き生きとした表情を思い出すことができる。児童作文例を見ても、質量ともに一年生でこれだけの文章を書くのだろうかとおもうほどの成果である。印象に残る実践というものの、周囲とその後にもたらす影響というのは量り知れない。尾川佳己先生の当時の思いもここで改めて日の目を見るが、本書の中で随所に見られる実践の先駆性は、後につづく人たちによってもっと参考にされ、評価されてよいものである。

第II章は、大きく「作文力」と「音声表現力」の二節から成る。偶然のことであろうが、実践展開例は、すべて二年と四年である。これらの学年は、諸研究からしても、表現力の基礎・基本を身につける上で、きわめて重要な学年と見られる。

「作文力」に関するものでも、振り返って印象深いのは「四こま漫画のお話をつくろう（二年）」である。これは、兵庫教育大学の附属小学校で実践され、さらに山口大学の附属光小学校でも改めて実践されており、尾川先生の中でも思い入れの深い単元であったと思われる。教材分析、学習指導過程等、洗練されたものとなっている。その一端は、「単元づくりに際して、四こま漫画は、会話の少ないものから会話が多くイメージ化できるものへと、段階的に提示していくことによって、地の文だけのものから、会話の入った豊かな文章表現ができるようにした」などの要を得た解説にも窺える。

「音声表現力」に関しては、音読と即興劇の会話による「音読劇づくり」の実践、音読と吹き出しによる「音読劇づくり」の実践（吹き出しには、「自由席」と「指定席」が設けられていてうなずかされる）、会話（ペープサート劇）と音読による「紙芝居づくり」の実践、つぶやきと脚本づくりを両翼とする「いろり座談」ともいうべき実践を取り上げている。これらの実践を貫き、さらに新しい実践の場をひらくものとして「トークを授業の表舞台に」の提言がなされている。

本書が、子どもの表現力を育む堅実な実践派の人たちの有力な支えとなり、韋編の切れるほどに活用されることを著者とともに願ってやまない。

平成十三年七月三十日

兵庫教育大学長　中　洌　正　堯

表現に拓く国語の授業　目　次

序……………………………………………………兵庫教育大学長　中洌正堯……i

第Ⅰ章　理解で培った力を表現に生かす

第一節　理解で培った力を表現に生かすための枠組み……5
一　理解で培った力を表現に生かすために……5
㈠　理解から表現への段階　6
㈡　単元化の視点　6
二　理解で培った力を表現に生かす実践例……7
㈠　読み取ったことを表現する――石うすの歌（六年）――　7
㈡　読み取った文章や構成にならって表現する　14
㈢　創造的に表現する――夢のお話を書こう（四年）――　22
三　書く力に培う単元づくりのために……27

第二節　読み取ったことを表現する……33
一　絵本をつくろう【「たんぽぽのちえ」（二年）】……33

㈠ 絵本づくりで読みを活性化する　33
㈡ 授業の実際　35
二 子育て日記をつくろう【「一つの花」（四年）】……47
㈠ 授業づくりについて　47
㈡ 単元の目標　48
㈢ 単元計画　48
㈣ 授業の実際　50
第三節 読み取った文章や構成にならって表現する……54
一 みんなで楽しむ詩のリズム【「食べもの」他（三年）】……54
㈠ 授業づくりについて　54
㈡ 単元の目標　55
㈢ 単元計画　55
㈣ 授業の実際　57
二 キョウリュウの本を出版しよう【「キョウリュウの話」他（四年）】……61
㈠ 子どもが主体的に取り組む授業過程を　61
㈡ 自己の読みを再構成して表現する　62
㈢ 自己の論理を形成するために情報探索の読書をする　62
㈣ 再構成と論理形成を重視する　64
第四節 創造的に表現する……66
一 「ひらがな虫」のお話をつくろう【「ひらがな虫」他（一年）】……66
㈠ 教材について　66

(二) 読み取りからお話づくりまでの段階 70
(三) お話づくりにおける授業の実際 73
(四) 実践をふり返って 76
二 挿入話を書く【「たぬきの糸車」(一年)】……80
(一) 「たぬきの糸車」の読解から作文へ 80
(二) 授業の実際 82
(三) 「視点を移動してイメージする力」を 86

第II章 表現力を育む

第一節 作文力を育む……89
一 ことばのへや (二年)……89
(一) 授業づくりについて 89
(二) 単元の目標 90
(三) 単元計画 90
(四) 授業の実際 92
二 四こま漫画のお話をつくろう (二年)……96
(一) 授業づくりについて 96
(二) 単元の目標 97
(三) 単元計画 97
(四) 授業の実際 97

㈤ 四こま漫画による低学年の作文指導 104
三 クラスメートおもしろ事典をつくろう（四年）……108
㈠ 授業づくりについて 108
㈡ 単元の目標 109
㈢ 単元計画 109
㈣ 授業の実際 110
㈤ まとめ 117
四 ハーブティーのパンフレットをつくろう（二年）……117
㈠ 授業づくりについて 117
㈡ 単元の目標 119
㈢ 単元計画 120
㈣ 授業の実際 120
㈤ まとめ 124
第二節 音声表現力を育む……127
一 音読力を育む……127
㈠ 音読劇で読みを活性化する【「力太郎」（二年）】 127
㈡ 音読と吹き出しを授業の中核にすえる【「アナトール、工場へ行く」（四年）】 152
二 対話力を育む……158
㈠ くらげやいせえびになって【「スイミー」（二年）】 158
㈡ いろりを囲んで語り合おう【「ごんぎつね」（四年）】 167
㈢ トークを授業の表舞台に 173

「表現に拓く国語の授業」の創造……177
――「あとがき」にかえて――
初出誌一覧……181

表現に拓く国語の授業

第Ⅰ章　理解で培った力を表現に生かす

第一節　理解で培った力を表現に生かすための枠組み

一　理解で培った力を表現に生かすために

ここに今、読書体験を仲間に語っている人がいるとしよう。彼は、読書を通して頭に描いたイメージや考えを語っているのであり、また、語ることによって、そのイメージや考えをよりはっきりしたものにしているのである。もっと言えば、彼は、読書によって得た理解を言葉によって主体的に表現しているのであり、表現すること、即ち、イメージや考えを言葉に置き換えることによって、彼自身の理解をも深めているといえよう。

読みの指導においては、ここに示した読書体験を仲間に語るときのような、表現することで理解が深まることに着目したい。実践的には、子どもたちが、自分の読みを書き進めていくことで、読みを深めていくような学習を重視するとともに、こうした書くことが、読みを深めていくことのみならず表現力を高めることにもつながるようにしていきたいと考える。つまり、読みの過程で培った力が、表現活動においても生きてはたらく力となり、言葉による表現力へと収斂していくようにしたいのである。

なぜならば、国語科教育においては、言葉によって主体的に自己を表現する力に培うことを目標の中心に据えたいと考えるからである。

こうした観点から、本節では、「理解」は読むこと、「表現」は書くことに限定して、読むことで培った力が、書くことにおいても生きてはたらく力となっていくことをめざした単元づくりのあり方を考えてみることにする。

(一) 理解から表現への段階

単元を設定するにあたり、読むことで培った力が書くことにおいても生きてはたらく力となっていく段階を次のように設定した[1]〜[5]。

1 「読み取ったことを表現する」段階
2 「読み取った文章や構成にならって表現する」段階
3 「創造的に表現する」段階

一つ目は、「読み取ったことを表現する」段階である。ここでは、教材文を読み深めつつ、自分の読みとして書きまとめていくことが、書く力につながっていくと考えるのである。

二つ目は、「読み取った文章や構成にならって表現する」段階である。ここでは、読み取った教材文における表現上の特徴を調べたり、それを模倣して書いたりすることで、表現方法を学んでいくと考えるのである。

三つ目は、「創造的に表現する」段階である。ここでは、読み取ったことを表現したり、文章や構成にならって表現したりして学んだ力をもとに創作していくことで、総合的な書く力に培っていくと考えるのである。

(二) 単元化の視点

先に示した理解から表現への三つの段階を実践的に具現化していくための活動として、各段階に即応して次の三つを導き出した[6]。

①読み深めるための活動
②表現のしかたを身につける活動
③創作する活動

そして、これらを、①をベースにして組み合わせていくことによって単元化を図ることにした。

以下、単元化を試みた実践例を整理しながら、理解で培った力を表現に生かす単元づくりのあり方を検討していくことにする。

二　理解で培った力を表現に生かす実践例

ここでは、「読み取ったことを表現する」「読み取った文章や構成にならって表現する」「創造的に表現する」の三つの段階に対応した実践例を順に紹介していくことにする。

(一)　読み取ったことを表現する――石うすの歌（六年）――

子どもたち一人ひとりが自分の読みをつくり、自分の読みを表現する中で、作品に読み浸っていく授業をめざしたいと考える。そこで、「読み深めるための活動」(7)(8)を中心に据え、読み取ったことを表現させていくことで、書く力にも培っていこうとした実践例を次に紹介する。

1　千枝子の心の変容を読む

本作品は、主人公である千枝子が、おばあさんや瑞枝たちと関わる中で人間的に成長していく姿を「石うすの歌」に象徴させて描いたものである。したがって、本作品の主題は、次のようにとらえられる。

> おばあさんに寄りかかっていた末っ子の千枝子が、原爆によって一瞬のうちに両親を失った瑞枝を励まし、姉として力強く、けなげに生きていこうとする成長の姿

子どもたちに千枝子の人間的成長を読み取らせるために、千枝子になって石うすの歌を三連構成で書く方法を、読み深めるための活動の中核に据えた。千枝子の成長の節目である一、四、八場面を、第一連、第二連、第三連と対応させて書かせることで、千枝子の成長過程が浮き彫りになっていくと考えたからである。

2　石うすの歌の続きを書く

三連構成の詩を書かせるためには、次の三つの場面が重要となる（図1参照）。

> ・一場面（石うすひきを手伝わされる千枝子のつまらなさ）
> ・四場面（瑞枝が来て妹ができた千枝子の喜び）
> ・八場面（千枝子の姉としての自覚と生きる力）

これらの場面は、千枝子の成長の節目に当たり、読者が石うすの歌の続きを想像していくように促していく表現がある。

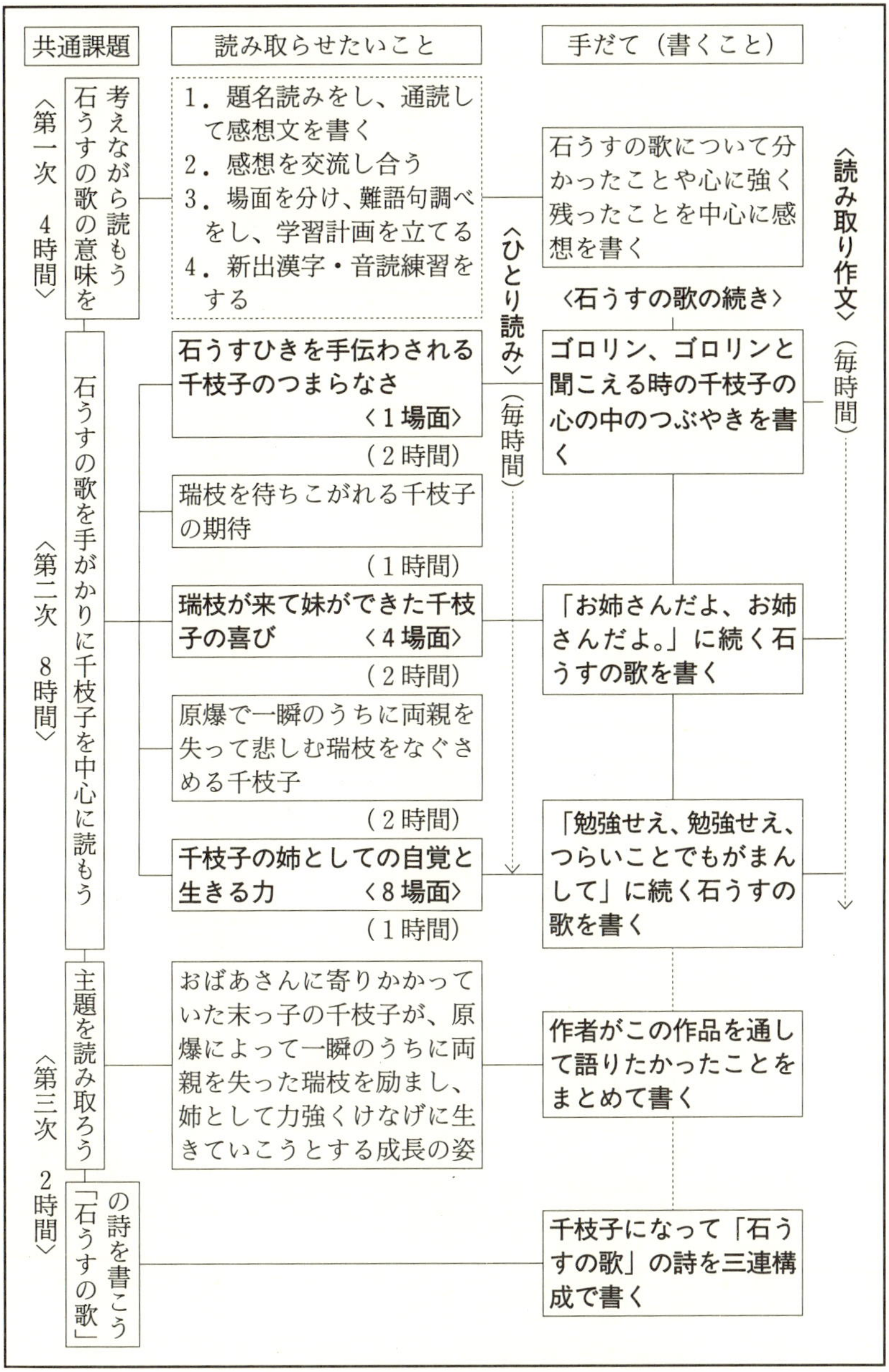
共通課題
読み取らせたいこと
手だて（書くこと）
〈第一次　4時間〉
考えながら読もう
石うすの歌の意味を
1．題名読みをし、通読して感想文を書く
2．感想を交流し合う
3．場面を分け、難語句調べをし、学習計画を立てる
4．新出漢字・音読練習をする
石うすの歌について分かったことや心に強く残ったことを中心に感想を書く
〈読み取り作文〉（毎時間）
〈ひとり読み〉（毎時間）
〈石うすの歌の続き〉
〈第二次　8時間〉
石うすの歌を手がかりに千枝子を中心に読もう
石うすひきを手伝わされる千枝子のつまらなさ
〈1場面〉
（2時間）
ゴロリン、ゴロリンと聞こえる時の千枝子の心の中のつぶやきを書く
瑞枝を待ちこがれる千枝子の期待
（1時間）
瑞枝が来て妹ができた千枝子の喜び　〈4場面〉
（2時間）
「お姉さんだよ、お姉さんだよ。」に続く石うすの歌を書く
原爆で一瞬のうちに両親を失って悲しむ瑞枝をなぐさめる千枝子
（2時間）
千枝子の姉としての自覚と生きる力　〈8場面〉
（1時間）
「勉強せえ、勉強せえ、つらいことでもがまんして」に続く石うすの歌を書く
〈第三次　2時間〉
主題を読み取ろう
おばあさんに寄りかかっていた末っ子の千枝子が、原爆によって一瞬のうちに両親を失った瑞枝を励まし、姉として力強くけなげに生きていこうとする成長の姿
作者がこの作品を通して語りたかったことをまとめて書く
「石うすの歌」の詩を書こう
千枝子になって「石うすの歌」の詩を三連構成で書く

図1　「石うすの歌」の指導過程（全14時間）

〈一場面〉

石うすの歌の続きA

しんどいなあ。あーあ、遊びにいきたいなぁ……ふぁぁ、ねむたいな……んんん……あーもーいややなあ。よし、もう少しのしんぼうやし、みずえ〔ママ〕ちゃ………

→

読み取り作文ⓐ
ひきうすをひくのがいやな千枝子

千枝子は、このところ毎日、ひきうすをひかされていた。このひきうすは、千枝子がねむくなってくるにつれて、こもりうたのようにゴロリンゴロリンときこえだすから千枝子は、くたびれるのとねむいので、もうクタクタになっていたと思う。

（略）おばあちゃんのしてくれるむかし話は、こたつできくと楽しいのですが、こんな時にきくと、よけいねむくなるので千枝子は生意気をいって、おばあさんをこまらせた。

↓

〈四場面〉

石うすの歌の続きB

お姉さんだよ、お姉さんだよ。うれしいな、うれしいな。私がお姉さんになるんだよ。私は瑞枝ちゃんのお姉さんだよ。

→

読み取り作文ⓑ
お姉さんになってうれしい千枝子

今日こそ瑞枝に会えるぞと思って千枝子は港にきた。瑞枝と出会って、千枝子は瑞枝のお姉さんになることになって、はずかしい気もしたけど、とてもうれしかった。家へかえってから石うすをまわしてみると、石うすも、「お姉さんになれてうれしいな。私もおねえさん。」とうたっているようにきこえた。千枝子は、末っ子だから、おねえさんになれることが、よけいにうれしかったと思う。

↓

〈八場面〉

石うすの歌の続きC

私がお姉さんになってあげる。私のお父さんやお母さんも、あなたと私のお父さんとお母さんよ。いつまでも私たち、姉妹でいようね。

→

読み取り作文ⓒ
瑞枝と自分をはげます千枝子

瑞枝が父母をなくして、千枝子は瑞枝と、本当の姉妹になろうと思ったと思う。そして、自分がやらないと…おばあさんも瑞枝も悲しい思いをしてるんだ…こんな時に自分が…と思って、自分からすすんで石うすを回した。そして、自分をはげまし、瑞枝もはげました。この話は、千枝子の成長の記ろくのように思えた。

図2　S子の作文に見る読みの姿

主題についての作文D

作者は、「千枝子」を読みとってほしかったんだと思う。石うすの歌をとおして、千枝子（主人公）の気持ちのうつりかわりをよんでほしかったんだと思う。一場面からの千枝子の成長は、はかりしれないほどある。そして最後の場面、千枝子は、おばあさんを助けて石うすをひいた。一場面では石うすをひくのがいやでいやでしょうがなかった千枝子が、ここまで成長した。瑞枝のお姉さんにもなり、大きくなった千枝子を、読んでほしかったと思う。

「石うすの歌」の詩（三連構成）E

石うすの歌

　最初は、石うすをひくのがいやだった千枝子が、自分から進んでひくようになるまでのうた。

　石うすをひいている時の千枝子の気持ちを歌っている。

（第一連）
いややなぁ
しんどいなぁ
早くすんで、遊びに行きたいなぁ
あーあ、ねむたくなってきた
石うすひいていると
ゴロリンゴロリンゆうてる音が
子もり歌に聞こえてくるわ
うーん、ねむたいよう

（第二連）
お姉さんだよ、お姉さんだよ
私は今日からお姉さん
瑞枝ちゃんのお姉ちゃん
お姉ちゃんになったんだから
瑞枝ちゃんに
やさしくしてあげよう
お姉さんぶりを発揮しよう
それから
お手伝いもいっぱいしよう
お姉さんになったんだから
瑞枝ちゃんのお手本に
なってあげるんだ

（第三連）
勉強せえ、勉強せえ、
つらいことでも
がまんして
りっぱなお姉さんになって、
瑞枝ちゃんと助け合って
生きていこう
どんなにつらいことがあっても
苦しいことがあっても
苦しみをわかちあいながら
生きていこう
二人で協力すれば
できないことはないんだから

そこで、これら三場面では、読み深めるための活動として、石うすの歌の続きを書かせる方法を取った。千枝子になって（同化して）、歌の続きを書くことによって、石うすをひくときの千枝子の気持ちをふくらませるものである（図2「石うすの歌の続き」Ⓐ Ⓑ Ⓒ参照）。これは、後で三連構成の詩を書くときのメモとして役立つのである。

しかし、この活動だけでは、千枝子像は十分に深まってはいかない。千枝子の成長を読み取るためには、やはり、一場面から順を追って千枝子像を累積していくことが大切となる。

そのために、場面ごとに、子どもたちのひとり読みを交流させた終わりに、読み深めるための活動として、千枝子についての読み取り作文を書かせた。これは、「瑞枝と自分を励ます千枝子」（八場面）というような小見出しを設定して、千枝子について読み取ったことを短くまとめて書かせるものである。読み取った千枝子像を、千枝子をそばから眺めるようにして（異化して）とらえ直させるためである（図2「読み取り作文」ⓐⓑⓒ参照）。

このような読み取り作文を書くことで、子どもたちは、場面ごとに読み取った千枝子像を累積していったのである。

3　三連構成の詩を書く

最終場面（八場面）の読み取りが終わると、作者がこの物語を通して語りたかったこと（図2「主題についての作文」Ⓓ参照）を書かせて交流させた。これは、読み取り作文で累積してきた千枝子像をまとめ、概念化してとらえさせるためである。これも、読み深めるための活動の一つである。

次に、いよいよ三連構成の詩を書く学習である。一、四、八場面で書いた石うすの歌の続きと主題についての作文を取材メモがわりにして、千枝子になって（同化して）石うすの歌の詩を書かせた。

石うすの歌をつくる方法は、すでに青木幹勇氏によって提案されている。(9) 今回は、それを参考にして、新たに次の点を加えた。

・千枝子に限定して主題に連結させて書く。
・一、四、八場面と対応させて、三連構成で書く。
・一、四、八場面の学習のときに、詩づくりに向けての素地として石うすの歌の続きを書いておく。
・前書きを書く。その際、前書きのある詩「春の歌」（草野心平・作、四年既習教材）を下敷きにする。

S子は、石うすの歌の詩を図2－Eのように書いている。前書きでは、主題についての作文Dでとらえた「一場面では石うすをひくのがいやでしょうがなかった千枝子が、ここまで成長した。」をまとめ直して表現している。また、第三連では、「りっぱなお姉さんになって」「苦しみをわかちあいながら／生きていこう」の言葉に代表されるように、姉妹愛の観点から、八場面の石うすの歌の続きC「私がお姉さんになってあげる。」「いつまでも私たち、姉妹でいようね。」を切実感を持ってふくらませていることがわかる。

S子は、累積してきた千枝子像をもとに、三連構成の詩を書くことで、作品に読み浸り、千枝子の体験を共有していったといえる。

4　まとめ

本実践では、石うすの歌の続きや千枝子についての読み取り作文を書いたり、主題についての作文や三連構成の詩を書いたりするといった「読み深めるための活動」が展開された。これら一連の活動は、子どもたちに読みを深めさせ、主題へと迫らせて作品に浸らせるはたらきをしたといえる。

ここで、単元全体の流れを考えてみると、石うすの歌の続きや読み取り作文を書いていったことは、最後に三連構成の詩を書くために、千枝子について取材していったことになる。そして、主題を読み取ると、その主題の観点からこれまで取材してきた（読み取ってきた）千枝子像を見直し、選材して、三連構成の詩を書きながら千枝子像をどう表現しようかと構想し叙述していったととらえることができる。

すなわち、単元の流れは、おおまかではあるが、取材・選材・構想・叙述という作文過程と同じ流れをたどっていったと考えることができる。

子どもたちは、読み取ったことを表現する中で、自然に作文の流れに乗っていったのである。

(二) 読み取った文章や構成にならって表現する

ここでは、「読み深めるための活動」と「表現のしかたを身につける活動」を組み合わせ、読み取った文章や構成にならって表現させていくことによって、表現方法を学ばせようとした実践例を三つ紹介する。

1 「なわ一本」の詩を書こう（三年）

(1) 音読を核にして読む――読み深めるための活動――

「なわ一本」の詩は、四連構成で、一本のなわを使っての楽しい遊びが、「なわ一本」という言葉の繰り返しによって、リズミカルに表現されている（表1　教材文参照）。そこで、リズミカルな表現に触れさせながら、なわ一本を使った楽しい遊びのイメージ化を促していくために、音読を核にした活動を展開した。子どもたちは、一人ひとりの音読から、グループごとの群読へと進んでいった。

群読では、グループで読むところ（「なわ一本」や「オーエス」など）と個人で読むところを決めて、リズムの響きを味わっていった。その中で、子どもたちは、綱引きなどの臨場感が感じられるまでに読み声を高め、あたかも自分たちが遊んでいるかのような思いに浸っていった。

このように、なわ一本を使っての遊びのイメージが群読によってふくらんできたところで、どの遊びが楽しいかを発表しながら、なわ一本を使っての遊びをみんなで想像していった。

⑵「なわ一本」を使った遊びを発想する——表現のしかたを身につける活動——

次に、第四連の「だれかをまってる　なわ一本／なにかになりたい　なわ一本」の表現とつないで、「なわ一本は、子どもたちが使って遊ぶのを待ってるんだね。もし、みんなが、なわ一本を見つけたら、どんな遊びをするかな。」と子どもたちに投げかけて、「なわ一本」を使った遊びを発想させ、発表させていった。

表1　「なわ一本」の教材文と児童作品例

教材文	児童作品例
なわ一本　高木《たかぎ》　あきこ なわ一本 てっちゃんが見つけた　なわ一本 地面にくるり　うちゅう船になった てっちゃんのせて　月までとんだ なわ一本 まこちゃんが見つけた　なわ一本 まほうつかいの　ふしぎなベルト おなかにむすぶと　王女さまになれる	なわ一本　（四班） なわ一本 ちいちゃんが見つけた　なわ一本 木のえだにくくりつけて　ターザンになった なわをもって　つぎのえだまでとんだ　（C子） なわ一本 てっちゃんがみつけた　なわ一本 空中でくるり　ジェットきになった てっちゃんのせて　世界一しゅう　（T男）

なわ一本
なわ一本
なわとび　ぶらんこ　つなひきオーエス
おさるのしっぽに　ぞうさんのおはな
おすもうハッケヨイ　だいじな土ひょう
電車ごっこじゃ　とっきゅうひかり

なわ一本
あき地におちてる　なわ一本
夕日がきえた　夕方も
だれかをまってる　なわ一本
なにかになりたい　なわ一本

なわ一本
ともちゃんが見つけた　なわ一本
わなげにつかった　なわ一本
木をねらってなげた
はずれてばかり　なわ一本
わなげがちきゅうのまわりを一しゅう　（T子）

なわ一本
だいちゃんが見つけた　なわ一本
木にくるり　ターザンになった
だいちゃんのせて　うちゅうまでいった　（D男）

そして、「なわ一本／○○ちゃんが見つけた　なわ一本」（○○は自分の名前を入れる）の言葉はそのまま取り入れて、一連の詩をつくらせた。これをグループ四人で一緒にし、四連構成の詩にした（表1　児童作品例参照）。できあがった詩は、グループごとに群読をして楽しんだのである。

2　本の帯をつくろう（四年）

文章を確かに読み、読み取ったことを的確に表現させるため、読書活動を中心に据えて、本の紹介文を書かせる実践に取り組んだ。(10) 次にそれを紹介する。

わたしのクラスが図書委員会を担当したとき、読書週間に合わせて、全校児童に本の紹介をすることを決めた。読書週間の一ヵ月前から、本の紹介の準備が始まり、子どもたちと相談して、本の帯をつくることになった。

本を紹介する文章を書くためには、その本の内容を確かにとらえなければならない。また、紹介文を読んだ人が、読んでみたいと思うような書き表し方をしなければならない。本の紹介文を書かせようと考えたのは、文章を確かに読み、読み取ったことを的確に表現する力をつけてやりたいという願いからである。

(1)　市販の本の帯を教科書にして――表現のしかたを身につける活動――

まず、本の帯には、どんな紹介文が載っているのかを調べてみることにした。子どもたちは、自分の家にある本の帯を持ち寄り、それに書いてある紹介文を教科書にして学習していった。そして、紹介文はキャッチフレーズと解説の二部構成になっていることを学びとっていった。紹介文の書き方がわかってきた段階で、「白いぼうし」など、クラスのみんなが読んだことのある本の紹介文を書いてみることになった。

子どもたちが紹介文を書くたびに、印刷して読ませた。すると、そのうちに、紹介文は感動したところを書いたり、話の続きが知りたくなるように書いたりすればよいことに気づいていった。

(2)　紹介文を書きながら読書の楽しさを味わう――読み深めるための活動――

全校児童に紹介する本を、低・中・高学年別に約四十冊選んだ。子どもたちは、その中で、自分が紹介したい本を読み、紹介文を書き進めていった。次に、子どもたちが書いた紹介文のいくつかを示す。

「うさぎどんきつねどん」（チャンドラ・ハリス・作）――低学年向き――

> 　あっ、両足がくっついちゃった！
> ぼうけんずきでいたずらずきの、うさぎどんときつねどん。いつもおもしろいことをさがしている。
> ところが、ある日――。
>
> （Y子）

「泣こうかとぼうか」（山中　恒・作）――中学年向き――


トカゲの首をのんだあ！

タカシは、ユキオをこらしめようと、トカゲの首をスープに入れておいたのです。

さあ、どうなるでしょう？

（H男）


「八郎」（斎藤隆介・作）――高学年向き――

海にさけんで、大きくなった八郎
八郎はな、ワイワイとなく男わらしと、村の人たちのためにな、山を海に投げ、自分までも、なみに立ち向かったと。
そして、八郎はな……。
（E男）

子どもたちは、本を読みながら紹介文を書き、紹介文を書くことでさらに読みを深めていったといえよう。

さらに、できあがった紹介文を本の帯に仕上げる作業に取りかかった。子どもたちは、すてきな字体を工夫したり、簡単なカットを考えたりしてつくっていった。

できあがった帯は本に巻き、図書室にコーナーを設けて展示した。全校児童集会でも紹介文を音読した。

M子は、日記に「（略）次の日は、十人以上かりていた。私の帯のもかりていた。うれしかった。」と書いている。

M子は、読んでみたいと思わせる紹介文の書き表し方ができたからこそ、自分の紹介した本がみんなに読まれるという楽しさを味わったのである。

3　「空気でっぽうのひみつ」を書こう（三年）

説明文教材において、「読むこと」と「書くこと」を関連づけた単元に取り組んだ。(11)(12)

教材「みつばちのダンス」を学習する前に、理科で学習した「空気でっぽうのひみつ」の説明文を書くように子どもたちに意欲づけをした。これは、教材文の論理展開が自然科学的なものを述べる一般的な方法であり、この表現方法をもとにすれば、「空気でっぽうのひみつ」の説明文も書きやすいであろうと思われたからである。すなわち、表現のしかたを身につける活動として、教材文をもとに理科で学習した「空気でっぽうのひみつ」の説明文を書くことを中心に据えたのである。また、読み深める活動としては、視写、書き込みを位置づけた。

子どもたちは、説明文を書くことに最初とまどいを見せたが、「書く順序がわかれば書けそうだ。」「理科ノートのメモのまとめ方がわかれば書けそうだ。」と言いはじめた。そこで、国語の教科書の説明文を読んで書き方の勉強をしていくことになった。

学習を進めるとき、「読む」活動と「書く」活動を交互に位置づけた。これは、書き手の視点に立って読むことによって、教材文を書いた筆者の認識過程に迫らせるとともに、筆者の認識過程を取り入れた表現をさせたいと考えたからである。

子どもたちは、一段落ずつ視写、書き込みをして読み進めていくにつれて、問題が提示されると、それについて自分なりの予想を立てたり、「次には、実験の方法が書いてあるのではないか。」など、自分なりの意見を述べたりするようになった。そして、それらを内容と書きぶりから吟味し筆者の認識過程をたどっていった。

一段落ずつの読み深めが終わるたびに、子どもたちは、筆者の認識過程や書きぶりと対応させて、「空気でっぽうのひみつ」について書き進めていった。そうした対応が不可能なときは、段落を増やしたり表現のしかたを工夫したりしていった。また、一度に長い文章を書くのではなく、一段落ごとに短い文章を書いていくので抵抗が取り除かれ、意欲的に書き進めていった。

そして、O男は、次のような作品を書き上げた。

空気のひみつ

O男

①空気でっぽうで、わかったことやふしぎにおもったことを見つけながら、じゆうにあそびました。すると、前玉が遠くへとびました。どうして、前玉が遠くへとぶのでしょう。

②ぼくは、おしぼうを強くおすと、前玉と後玉の間の空気のすごい力で前玉が遠くへとぶと考えました。そして、次のようにじっけんして、空気のひみつをかんさつしました。

③はじめに、空気でっぽうを水の中にいれました。そして、おしぼうをゆっくりおしました。すると、前玉がとんだ後、つつの中からブクブクとあわがでました。

④次に、まえより、おしぼうを強くおしました。今度は、前玉がとんだとき、音が強くでました。そして、大きなあわや小さなあわがたくさんでました。

⑤この二つのじっけんから、空気のすごい力で前玉がとぶということがわかりました。

⑥しかし、空気でっぽうの前玉と後玉の間の空気は、なぜ、前玉を遠くへとばすすごい力があるのでしょうか。

⑦そこで、空気でっぽうの代わりに、ちゅうしゃきでじっけんしてみました。ちゅうしゃきのピストンを強くおしていくと、空気のすごい力でおしかえす手ごたえが大きくなりました。おすのをやめると、ピストンはもとにもどりました。

⑧このじっけんから、つつの中の空気がおしぼうにおされて、ちぢまって、もとのかさにもどろうとする力で前玉と後玉をおして、前玉が空気のすごい力におされて、遠くへとぶことが分かりました。

（略）

O男は、教材文の論理展開や表現（傍線部）を取り込んで、自分としての論理を展開している。

このようにして、教材文で読み取ったことをもとに「空気でっぽうのひみつ」を書かせたのであるが、これは逆に教材文における理解を強めることにもなったといえよう。

4　まとめ

ここで紹介した三つの実践は、どれも読み取りだけの学習に終わらせないで、読み取った文章や構成にならって表現するところまでをねらいとしたものであった。

単元『なわ一本』の詩を書こう」では、まず音読で教材文を読み深めた後、「なわ一本」の遊び方を子ども自らが発想し、教材文の表現のしかたを下敷きにして詩づくりに取り組んだ。したがって、単元化の視点でいう「読み深めるための活動」から「表現のしかたを身につける活動」へと展開していった実践例といえる。

単元「本の帯をつくろう」では、まず、市販の本の帯を教科書にして、その紹介文は、キャッチフレーズと解説の二部構成になっていることを学習した。次に、紹介文を書きながら読書活動を深めていった。この場合は、最初に「表現のしかたを身につける活動」を行なって「読み深めるための活動」を展開していった実践例といえる。

単元「『空気でっぽうのひみつ』を書こう」では、教材文「みつばちのダンス」を読むことと、その教材文を下敷きにして「空気でっぽうのひみつ」の説明文を書くこととを交互に位置づけた。この場合は「読み深めるための活動」と「表現のしかたを身につける活動」を交互に展開した実践例といえる。

したがって、読み取った文章や構成にならって表現する単元は、活動の組み合わせによって、三つのパターンに分類されるわけである。

(三)　創造的に表現する――夢のお話を書こう（四年）――

ここでは、読み取ったことを表現したり、文章や構成にならって表現したりして学んだ力をもとに創作させていくことで、総合的な書く力に培っていこうとした実践例を紹介する。

1　視写をしてイメージを広げる――読み深めるための活動――

本作品は、現実・夢・現実の構成を取ることによって、冬の退屈な入院生活で重く沈んだ主人公よしえが、夢の中で、お見舞いにもらったうさぎの人形に呼びかけられて、「いい春つくろう」と大声で叫ぶことをきっかけに、早く病気を治して退院し、いい春にしたいという思いを持つに至る過程を描いている。

題名にもなっている「いい春つくろう」の言葉は、よしえの気持ちを変える重要な役目をしており、よしえの気持ちの変化を読み取る上でのキーワードとなっている。また、夢の入口（はじめ）と出口（おわり）にあたる場面は、よしえの気持ちが変化していく節目になっている。

したがって、まず、キーワードである題名を視写させ、「いい春つくろう」とはどういうことなのかの予想を書き込ませ、それを交流させて、読みの意欲を持たせた。

次に、よしえの気持ちが変化していく節目にあたる夢の入口と出口の場面では、よしえの気持ちを浮き彫りにしていくために、その場面の文章を視写させた。視写文は次のとおりである。

夢の入口の文章	夢の出口の文章
おじさんの声は、だんだん遠くなってゆきました。 ――どのくらいたったでしょう。「おい、よしえ、ねちゃうなよ。」その声に、よしえはあわてて目を開けまし	うさぎの声は、いかにも勇ましかったので、よしえも、つられて、ひとひらの雪にまつ葉をつけて、ふっと息をふきかけました。そして、雪の原っぱのすみずみにまで

た。よしえは、一面の雪げしきの中に立っていました。

聞こえるような大きな声で言いました。「いい春つくろう。」
よしえは、自分の声で目が覚めました。

なお、ここでの視写活動は、次の他の夢のお話を読んで表現のしかたを身につける活動に、生かされるのである。

2　他の夢のお話を読む――表現のしかたを身につける活動――

「いい春つくろう」を読み終わると、子どもたちは、他の夢のお話を読みたいと言い出した。そこで、「せかいにパーレただひとり」と「宇宙人の宿題」を読み聞かせて、感想を交流させた。まだまだ子どもたちは、夢のお話を読みたそうであった。しかし、ここで、「先生は、もう、みんなに読み聞かせる夢のお話を知らない。今度は、みんなが、夢のお話をつくって、先生や仲間に聞かせてくれないか。」と投げかけたところ、「おもしろそうだ。」「つくってみたい。」というある子の発言で、クラスのみんなは、創作に意欲づいていった。まず、これまで読んだ三つのお話をもとに、お話づくりの約束を、子どもたちと相談して、次のように決めた。

【夢のお話づくりの約束】

1　主人公が夢を見るお話であること。
2　現実・夢・現実の構成にすること。
3　夢の入口と出口の言葉を工夫すること。

そして、夢の入口と出口の文章を調べていくことにした。
「いい春つくろう」で先に視写した夢の入口と出口の文章を読み返したり、他の二つのお話についても、夢の入口と出口の文章を視写させたりして、それらを自分の表現のレパートリーに組み込ませようとした。

また、子どもたちが本当に見た夢は、どんな夢の入り方をして、どんな目の覚め方をしたのかを発表させて、お話づくりの発想のヒントになるようにした。

さらに、子どもたちが発表した夢の内容を次のように仲間分けさせて、お話づくりの内容が発想しやすいようにした。


【夢の仲間分け】

1　夢が本当だったら型（「いい春つくろう」型）
（例）夢で自分が力持ちになった。

2　夢でよかった型（「せかいにパーレただひとり」型）
（例）夢でとても恐い化け物に追いかけられた。

3　夢の中身が今本当に起きている型（「宇宙人の宿題」型）
（例）宇宙人が超能力を使って本当に夢の中に入り込んできた。

4　夢が本当になった型（正夢型）
（例）鉄棒がとても上手になった夢を見て、後で、本当にそうなった。

3　構想をねり表現をひろげる――創作する活動――

子どもたち一人ひとりのあらすじがまとまりだしたころ、それをいっそう明確にさせるため、構想表を与えた。

子どもたちは、構想表に夢の内容の仲間分けの型（タイプ）や主人公の名前、現実・夢・現実のあらすじを書き込んでいった。さらに、夢の入口・出口の文章や文末表現の型（常体・敬体）を書き加えていった。

構想表ができあがり、いよいよ叙述段階である。この段階では、一時間ごとのはじめに、前時に書いた箇所を推敲して、次を書き進めていく形をとった。これは、叙述・推敲を繰り返すことで、推敲が次の叙述に生かされるようにと考えたからである。

このようにしてでき上がった作品例を次に示す。

せよ　高くなぁーあれ　U子

由香は、クラスで、一番、ちびなので、ちび子、と、よばれていた。自分では、せが、高いと、思うが、みんなからみると、本当に、ちびだった。いつも、いつも、みんなから、

「おい、ちびこ。」

とか、いろいろいわれて、すごく、くやしかった。そんな時、このことを、わすれさせてくれるのは、図書室の本だ。

（せが、高くなって、ほしい。）とずっと、思っていた。図書室に、ついた。(ア)あの、ことをおもいながら、本を、とろうと、したら……。――目をあけたら、なんと、教室にいた。たしか、図書室にいったはずなのになぁと、思った。もう、一回、図書室にいった。歩いていると、みんなが、じろじろ見てくる。由香は、なんでかきいてみた。

「ねえ、なんでそんなに、じろじろみるの。」

と、聞いた。友達は、

「だって、まえより、すごーく、せが、高いんですもの。」

と、答えた。それを、聞いた、ちびだった、由香は、もう、うれしくてなりません。

（略）

教室にかえった。(イ)とたんに、クラスの、みんなは、由香を、おどろかせた。

「わぁー。」

由香は、すごくびっくりした。

「キャー。」

と、いったとたん……――。「おめざめですか。」

とほけんのせんせいがいった。（えっ。いままでのことは、ぜんぶ、ゆめだったの。）とおもった。

「だいじょうぶ。ちびこ。」

と、友達が、ベッドのまわりを、かこんで、しんぱいそうな声でいった。大の仲よしの、まさこちゃんが、

「あのね。由香ちゃんねえ。図書室で、本と、いっしょに、ふわぁっと、たおれちゃったの。だから、あたしたちが、ほけん室に、はこんであげたの。」

と、いった。


（略）

U子は、話のモチーフと夢の入口の文章は、「宇宙人の宿題」をヒントにして、夢の出口の文章は、「いい春つくろう」のそれをアレンジして、U子独自の表現としている（傍線部(ア)・(イ)参照）。

4　まとめ

本実践では、読み取りが終了した段階で、作品の表現上の特徴である「現実・夢・現実」の構成をまねて、自分なりに内容を発想して創作することが中心であった。

そのため、まず、他の類似した作品の構成や表現のしかたについて調べるようにした。そして、学習した作品をヒントにお話の内容を新たに発想したり、作品の表現方法をアレンジしたりして創作していった。

したがって、本実践は、「読み深めるための活動」から「表現のしかたを身につける活動」へ、さらに「創作す

る活動」へと活動が展開していくことによって、創作に向けての自然な流れをつくることができたといえる。

三　書く力に培う単元づくりのために

理解で培った力を表現に生かすために、「読み取ったことを表現する」、「読み取った文章や構成にならって表現する」、「創造的に表現する」の三つの段階を設定し、それらに対応した単元づくりに取り組んだ（表2参照）。では、単元に位置づけた主要な活動は、どう書く力につながっていくのであろうか。

「読み取ったことを表現する」単元例では、「石うすの歌」を教材にして、読み深めるための様々な活動を展開した。まず、場面ごとの読み取りでは、その終わりに千枝子についての読み取り作文を書かせた。これは、その場面でふくらませた千枝子のイメージを言語化する働きをしたといえる。こうした活動を繰り返すことによって、子どもたちは、イメージを言語化するときに働く思考の過程をスムーズなものにしていくといえよう。

次に、単元全体の流れは、先に述べたように三連構成の詩を書くという活動に向けて、取材・選材・構想・叙述という作文過程と同じ流れをとっていたのであった。子どもたちは、読み取ったことを表現する中で、自然のうちに作文過程をたどっていたのである。

こうしたことから、読み深めるための様々な活動は、読みそのものを確かなものにするとともに、さらに、書く力を向上させることにもつながっていくと考える。

「読み取った文章や構成にならって表現する」単元例では、「読み深めるための活動」と「表現のしかたを身につける活動」を中心に展開した。

そして、こうした単元例は、先に述べたように、活動の組み合わせによって、表2の「読み取った文章や構成に

表2　理解で培った力を表現に生かす実践例一覧

段階	活動の組み合わせ	単元（教材）	学年	指導のポイント
読み取ったことを表現する	①読み深めるための活動 （①として独立している型）	「石うすの歌」を読もう （「石うすの歌」 光村6年上） 〈全14時間〉	6	○千枝子に同化させて「石うすの歌の続き」を書かせ、それをもとに、石うすの歌を「三連構成の詩」に書きまとめさせることで、千枝子の心の変容を読み取らせる。 ・場面ごとに、自分の読みを書き出させたり、それらを発表させたりした上で、その場面の学習の終わりに「読み取り作文」を書かせて自分の読みをまとめさせる。 ・単元の途中に「石うすの歌の続き」を書かせて取材活動をさせた上で、単元の終わりに「三連構成の詩」を書かせることで、千枝子の変容をイメージ豊かに読み取らせる。
読み取った文章や構成にならって表現する	①読み深めるための活動 ← ②表現のしかたを身につける活動 （①から②へと展開していく型）	「なわ一本」の詩を書こう （「なわ一本」 日書3年上） 〈全4時間〉	3	○「なわ一本」の詩（四連）を読み取った後に、その詩を下敷きにして、一本のなわを使った遊びを内容とした詩を書かせる。 ・四人一グループで、一人が一連ずつ書き、それを合わせて四連の詩にしてグループで群読をして読み味わう。
	②表現のしかたを身につける活動 ← ①読み深めるための活動	本の帯をつくろう 〈全13時間〉	4	○本の帯をつくることで、本の紹介をさせる。 ・本の帯の紹介文は、キャッチフレーズと解説の二部構成になっていることに気づかせ、紹介したい本を選んで読み、二部構成で紹介文を書かせる。

		（②から①へと展開していく型）		
		①読み深めるための活動 ←→ ②表現のしかたを身につける活動 （①と②を交互に展開していく型）	「空気でっぽうのひみつ」を書こう （「みつばちのダンス」光村3年上） 〈全14時間〉	3	○理科で学習した空気でっぽうを「みつばちのダンス」と同じ展開で説明させる。 ・「みつばちのダンス」を一～二段落読んでは、「空気でっぽうのひみつ」の説明文を一～二段落書くことを交互に進めていく。
創造的に表現する	①読み深めるための活動 ← ②表現のしかたを身につける活動 ← ③創作する活動 （①から②③へと展開していく型）	夢のお話を書こう ・「いい春つくろう」（教出4年下） ・「世界にパーレただひとり」（文学読本「はぐるま」1） ・「宇宙人の宿題」 （光村5年上） 〈全17時間〉	4	○読み取った内容や学習した表現方法を駆使して、創造的に書かせる。 ・読んだ教材文や実際に見た夢をヒントに、お話を発想させる。 ・教材文の夢の入り口と出口の文章を視写させ、お話づくりに生きるようにさせる。 ・教材文の構成（現実─夢─現実）にならって書かせる。

ならって表現する」欄に示したような三つのパターンに分類されたわけである。

ここで留意しておきたいことは、どの単元においても、子どもたちは、ただ形式的に表現方法をまねしたのではなく、自分の表現したい内容に合うように、教材文の表現方法を部分的にアレンジしている点である。自分の表現したい内容があって、教材文の表現方法を下敷きにしていく中でこそ、そこで使った表現方法が、自分の表現方法のレパートリーに組み込まれていくと考える。

また、今後、こうした類型の単元化を図るときには「表現のしかたを身につける活動」の時間を短くしたミニ単元を設定して、いろいろな表現方法を学ばせていくことが、より書く力を向上させることにつながっていくと考える。その際、どういう表現方法を子どもたちに学ばせていくべきか、表現上どんな特徴のある教材文を単元化していくかが課題となる。

「創造的に表現する」単元例では、「読み深めるための活動」から「表現のしかたを身につける活動」へ、さらに「創作する活動」へと展開していくことによって、創作に向けての自然な流れをつくることができた。子どもたちは、U子の作品に代表されるように、本単元に組み込んだ三つの教材の内容や表現方法を手がかりにして、それらをアレンジしながら、自分独自の表現をつくっていった。

ここで問題となるのは、創作に向けての自然な流れを設定しようとすれば、教材の数が多くなり、単元が時間的にふくれてしまうことである。

この点を改善していくためには、こうした創造的に表現する単元以前に、お話の内容を発想していく上でヒントになる教材を読み、内容的な蓄えをしておくとともに、それまでに読み取った教材の表現方法を自分のレパートリーに組み込んで、それらを駆使して創作していけるようにしておくことが必要となる。

つまり、創作していく上で、内容的にも表現的にも価値ある教材をカリキュラム上に位置づけて、単元の系列化を図ることが実践上の課題となるのである。このことが具現化されれば、発想力・構想力・叙述力などの総合的な書く力が強化されていくと考える。

以上のように、課題は多いが、いわゆる作文単元との関連をも見据えつつ、言葉によって主体的に自己を表現する力に培う単元づくりをめざして、課題に一つ一つ取り組んでいきたいと考える。

注

（1）広田隆志・本田泰弘・尾川佳己、「理解で培った力を表現に生かす国語科学習」、兵庫教育大学附属校園研究紀要、第三集、二一～二七ページ、一九八三年。
（2）広田隆志・本田泰弘・尾川佳己・藤原幸代、「理解で培った力を表現に生かす国語科学習（Ⅱ）」、兵庫教育大学附属校園研究紀要、第四集、九～一一ページ、一九八四年。
（3）本田泰弘・尾川佳己・藤原幸代・広田隆志、「理解で培った力を表現に生かす国語科学習（Ⅲ）―第3の表現の実践を中心にして―」、兵庫教育大学附属校園研究紀要、第五集、一～三ページ、一九八五年。
（4）尾川佳己・山田利彦・本田泰弘・藤原幸代、「理解で培った力を表現に生かす国語科学習（Ⅳ）―書くことを通して課題の内面化を促す―」、兵庫教育大学附属小学校研究紀要、第六集、一一～一五ページ、一九八六年。
（5）拙稿、「理解で培った力を表現に生かす国語科学習」、月刊国語教育研究一八五号、日本国語教育学会、一八～一九ページ、一九八七年。
（6）山田利彦・尾川佳己・本田泰弘、「書くことを授業の中核にすえる」、兵庫教育大学附属小学校教育研究会、学ぶ力をひらく授業づくり、泰流社、五二～五四ページ、一九八八年。
（7）尾川佳己・山田利彦・吉川芳則、「書くことで確かな読みをつくる文学の学習過程―第六学年『石うすの歌』を中心にして―」、兵庫教育大学附属小学校研究紀要、第八集、一一～二〇ページ、一九八八年。
（8）拙稿、「書くことで確かな読みをつくる―『石うすの歌』（光村六年上）―」、実践国語研究九九号、明治図書、九〇～九四ページ、一九九〇年。
(9)　青木幹勇、第三の書く、国土社、一四九～一五二ページ、一九八六年。
(10)　広田隆志・本田泰弘・尾川佳己、「ことばと表現」、兵庫教育大学附属学校教育研究会、生きる力を培う学校教育の創造、日本教育研究センター、九二～九五ページ、一九八四年。
(11)　拙稿、「理解で培った力を表現に生かす―『みつばちのダンス』(説明文)をもとにして―」、日本国語教育学会第四五回国語教育全国大会分科会提案資料、一九八二年。
(12)　前掲書(1)、三四～三五ページ。

第二節　読み取ったことを表現する

一　絵本をつくろう【「たんぽぽのちえ」（二年）】

(一)　絵本づくりで読みを活性化する

低学年の子どもたちは、絵を好んで描く。したがって、絵本づくりを単元に位置づけると、絵本をつくるという目標が明確となるため、学習を見通すことができ、子どもたちの学習エネルギーは膨らむであろう。また、学習の成果を「僕の私の絵本ができた」として実感でき、充実感を味わうことができる。

そこで、教材「たんぽぽのちえ」（光村二年上）においては、絵本づくりを授業過程の中核に据えて実践することにした。

本教材「たんぽぽのちえ」は、時間の経過とともに、たんぽぽが、ちえを働かせて、たねを遠くまで飛ばして、新しい仲間を増やしていく様子（営み）が書かれている。

このことから、単元目標として、次の二つを設定した。

目標①	叙述に即してたんぽぽの様子をイメージすることができる。
目標②	たんぽぽの様子とその理由を関連的に読み取り、たんぽぽのちえとして理解することができる。

目標①は、いわゆる、想像力を働かせる場、目標②は、思考力を働かせる場を通して培っていくことができると考える。

そこで、こうした二つの目標に対応して、絵本づくりにおける具体的活動を次のように設定した。

○想像力を働かせる場（目標①に関連して）

ア　視写を通して本文を確かに読む。

・説明文のスタイルに自然になじませていく。

イ　絵を描くことでイメージ化を促す。

ウ　たんぽぽのイメージを言葉で表現させるため、絵に吹き出しを入れる。

・たんぽぽのまわりを飛んでいる蝶や蜜蜂に同化して吹き出しを書かせる。

○思考力を働かせる場（目標②に関連して）

エ　たんぽぽの四つのちえを解説して、本文に付け加える。

以上のような具体的活動を授業過程に組み込んで、読みの活性化を図ることにした。なお、次のような指導計画を立て、全十五時間で実施した。（第一次の後、生活科で一時間、学校周辺のたんぽぽ調べをした。）

第一次　たんぽぽのちえを見つけよう（一時間）

・通読してちえが幾つあるかを予想する。

第二次　絵本をつくろう（十二時間）

・視写して挿絵を描く。

・ちえについて話し合い、ちえを解説する。
（以上のことを四つのちえごとに行なう。）
第三次　絵本を仕上げよう（二時間）
・四つのちえの中で一番感心したちえについて感想を書く。
・表紙をつくって綴じ合わせる。

㈡　授業の実際

1　絵を描くことでイメージ化を促す

絵本づくりの作業の流れと読みが発展していくプロセスとが統合されるように、次のような授業過程を設定した。

①本文を視写する。
②どんな絵にするかを話し合う。
③絵を描き、吹き出しを入れる。
（①〜③　二時間）
④たんぽぽのちえについて話し合う。
⑤たんぽぽのちえの解説を書く。
（④〜⑤　一時間）

以上の①から⑤の過程を、第一のちえから第四のちえごとに四回繰り返すことにした。

次に、第三のちえの箇所における子どもの具体的な活動を紹介する。

(1) どんな絵にしたらよいかを話し合う

まず、本文をワークシートに視写させた。その際、教師も黒板に視写しながら、視写の速さをそろえさせるようにした。

○本文

> このころになると、それまでたおれていた花のじくが、またおき上がります。そうして、せのびをするように、ぐんぐんのびていきます。
> なぜ、こんなことをするのでしょう。それはせいをたかくするほうが、わた毛に風がよく当たって、たねをとおくまでとばすことができるからです。

次は、本文の挿絵を描くわけであるが、子どもたちは、絵を描くという目的意識があるので、本文の叙述を手がかりに、たんぽぽの様子をイメージしようとする。そこで、どんな絵を描いたらよいかを話題にして、話し合うことによって、絵を描く見通しを立てさせることにした。

ここでは、次のように話し合いが進んでいった。

（音読の後）

T　では、どんな絵にしたらいいか発表しましょう。

C　たんぽぽが背伸びをするような絵をかきます。

C　「このころになると、それまでたおれていた花のじくが、またおき上がります。」と書いてあるから、はじめの

C　ように、また起き上がっているような絵をかきます。
T　「またおき上がります。」と書いてあるから、白い綿毛が起き上がるようにかきます。
C　白い綿毛が起き上がるの？
C　ええっ。
T　花の軸です。
C　その軸は、花が咲いてるの？
T　いいえ。
C　じゃあ、何が起き上がる絵をかくの？
T　綿毛がついている花の軸が起き上がる絵をかきます。
C　そうだよね。では、次の人、発表して。
C　「花のじくが、またおき上がります。」と書いてあるから、花の軸が、また起き上がるようにかきます。
C　綿毛がついている花の軸がまた起き上がる絵をかきます。
C　「せのびをするように、ぐんぐんのびていきます。」と書いてあるから、人間が背伸びをするように、ぐんぐんと花の軸が高く背伸びしていく絵をかきます。
C　私も、「せのびをするように、ぐんぐんのびていきます。」と書いてあるから、人間と同じようにぐんぐん背が伸びていくような絵をかきます。
C　「せのびをするように、ぐんぐんのびていきます。」と書いてあるから、だんだん人間のように背が高くなるような絵をかきます。
C　「ぐんぐん」と書いてあるから、綿毛に風がよく当たるように、ぐんぐんぐんぐん伸びていく絵をかきます。
C　「またおき上がります。」と書いてあるから、起き上がってから、どんどんどんどん背が高くなる絵をかきます。

C　「ぐんぐん」と書いてあるから、はじめの背よりも、ぐんぐん背が高くなる絵をかきます。
T　はじめの背よりも背が高くなるのは、何？
C　綿毛がついている花の軸です。
C　そうです。
T　では、絵がかけますか？
C　はい。はい。
T　たんぽぽのまわりを飛んでいる蝶々や蜜蜂の絵もかいて、たんぽぽを見てのおしゃべりを吹き出しに書こうね。

子どもたちは、話し合ううちに、「背伸びをするような絵」、「綿毛がついている花の軸が起き上がる絵」へとイメージをふくらませていった。

さらに、「綿毛に風がよく当たるようにぐんぐんぐんぐん」花の軸が「伸びていく絵」、「はじめの背よりも、ぐんぐん背が高くなる絵」へとイメージを確かなものにしていったのである。

(2)　絵を描き、吹き出しを入れる

このようにして、たんぽぽのイメージ化を促した後、絵を描かせた。その際、たんぽぽのまわりを飛んでいる蝶や蜜蜂になって、吹き出しを書かせた。こうすることで、子どもたちは、たんぽぽの様子を対象化することができ、たんぽぽの様子をイメージしたことを言語化し易くなり、子ども一人ひとりのオリジナルな読みが表出すると考えたからである（M子とS子の絵を参照）。

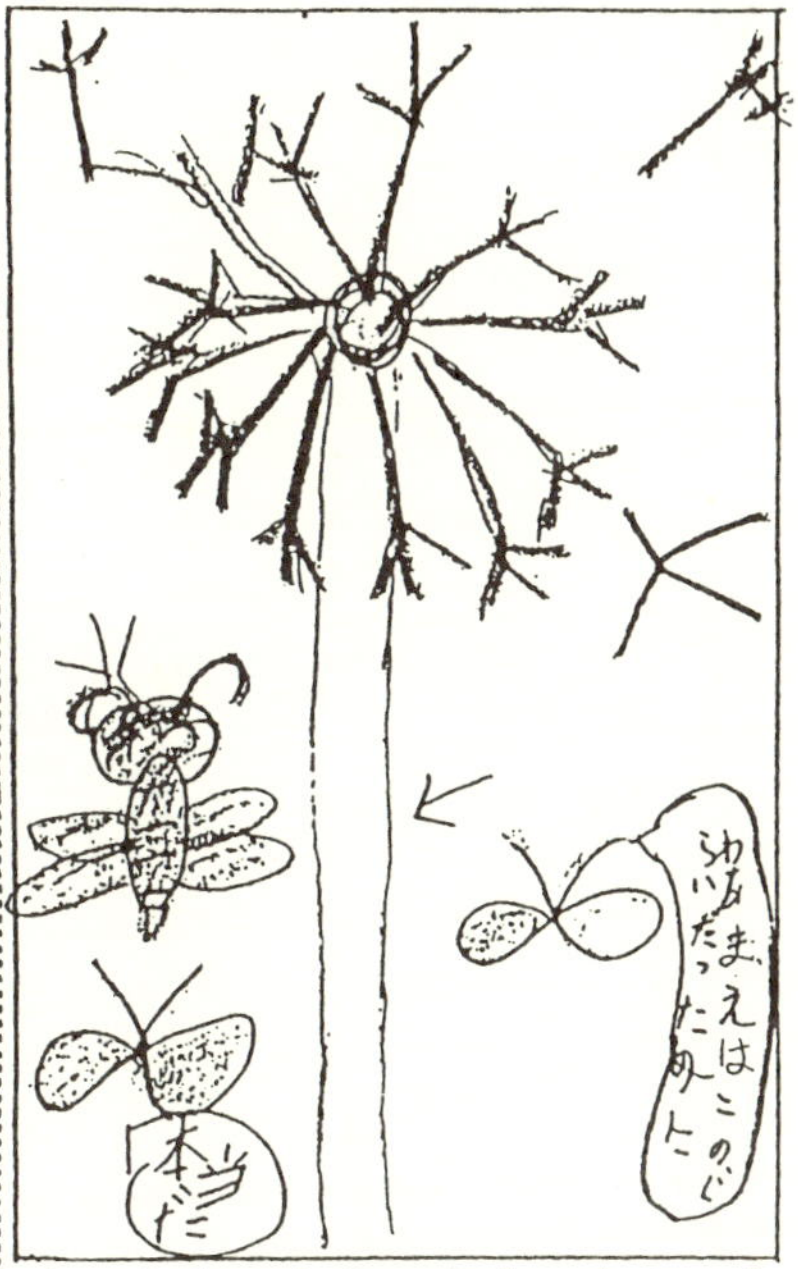

このころになると、それまでたおれていた花のじくが、またおき上がります。そうして、せのびをするように、ぐんぐんのびていきます。

なぜ、こんなことをするのでしょう。それは、せいをたかくするほうが、わた毛に風がよく当たって、たねをとおくまでとばすことができるからです。

M子の絵（第3のちえ）

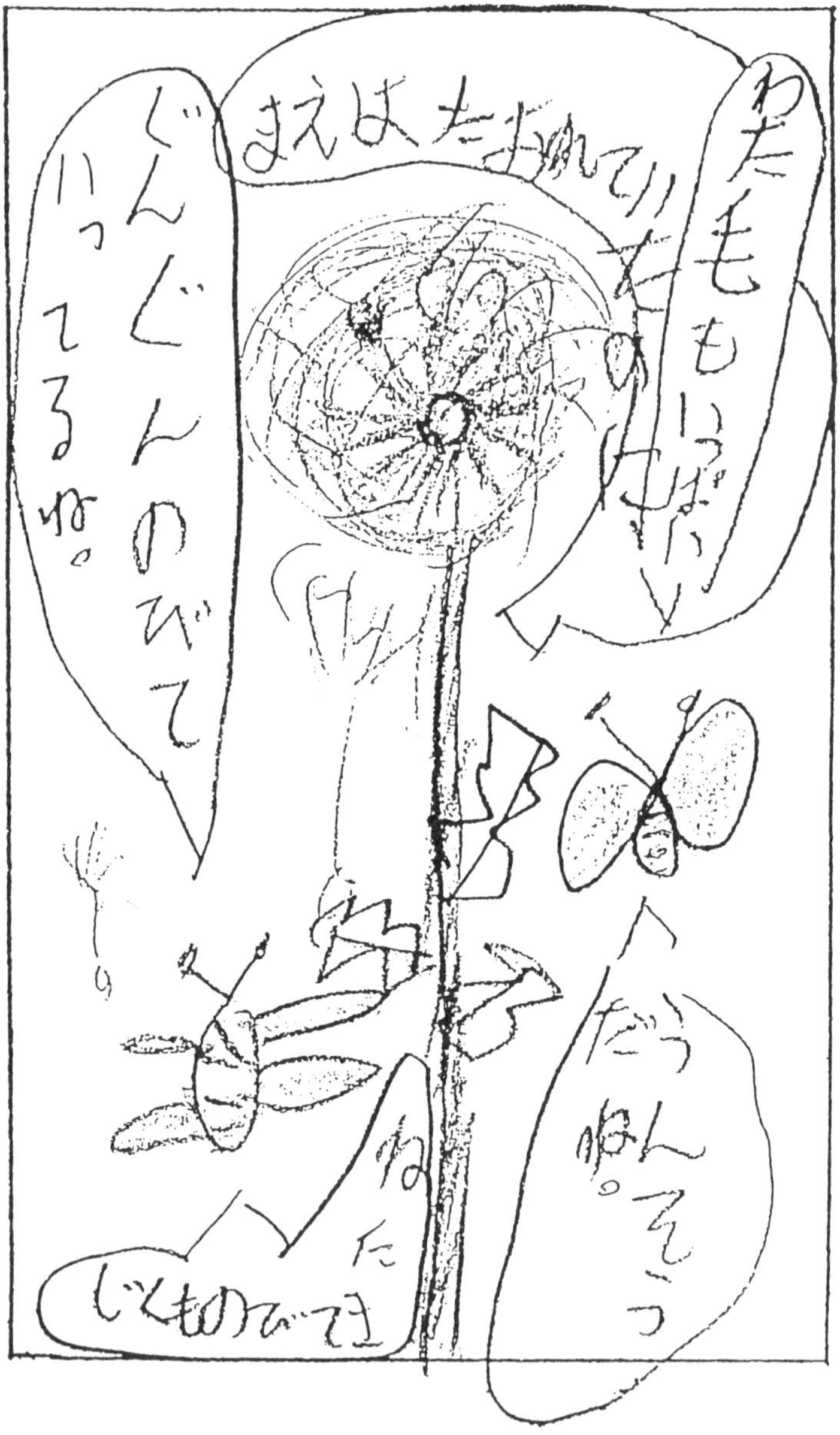

S子の絵（第3のちえ）

2　「たんぽぽのちえ」の解説を書く

第三のちえの箇所のたんぽぽの様子を絵に描いた後、第三のたんぽぽのちえについて考えさせた。まず、倒れていた花の軸がまた起き上がるというたんぽぽの特徴に着目させるために、

T　他の草花とどんな所がちがうのでしょう。

と、子どもたちに投げかけた。そして、話し合う中で、他の植物と対比させることによって、たんぽぽのちえをクローズアップしていくようにした。

こうして、書いたのが次の作文である。（書き出しの一文は指定した。）

○三つ目のちえ

M子

ここで、たんぽぽの三つ目のちえを教えましょう。三つ目のちえは、たおれてしまったのに、またおき上がってぐんぐんのびていきます。はじめのせよりも、もっとたかくなっていきます。せをたかくするほうが、風がすうすう当たって、とおくにたねをとばして、なかまがふやせるためです。ちかくにもつくってもいいのです。

E子

ここで、たんぽぽの三つ目のちえを教えましょう。たんぽぽの花は、ほかの花とはちがって、たおれても、またおき上がりぐんぐんと、のびていきます。

どうしてかというと、せをたかくするほうが、わた毛に風がよく当たりわた毛のたねが、とおくまでとんでなかまがとおくにもいっぱいさいてくれるからです。

M子は、「風がよく当たる」様子を「風がすうすう当たって」と表現している。また、E子は、「ほかの花とはちがって、たおれても、またおき上がりぐんぐんと、のびていきます。」というように、他の花と対比的に表現し、その理由を「どうしてかというと、……からです。」という文型を使って表現している。

なお、第一・第二・第四のちえは、次のように書いている。

○一つ目のちえ

ここで、たんぽぽの一つ目のちえを教えましょう。花のじくは、ぐったりと地めんにたおれてしまいます。だけど、かれてしまったのではありません。よこになって、えいようをおくるのです。たっていたら、じくがつかれてしまいます。それに、えいようが上まであがらないからです。

M子

ここで、たんぽぽの一つ目のちえを教えましょう。たんぽぽは、花のじくを上に、ずっとしてたら、えいようをおくろうとしても、なかなかえいようが、こないから、わざと地めんに、たおしたら、えいようが、じくの中を、すべりだいのように、たねにくるからです。

H男

○二つ目のちえ

M子

ここで、たんぽぽの二つ目のちえを教えましょう。なぜたんぽぽに白いわた毛ができるのかというと、わた毛がなかったら、たねをとおくにはこぶこともできないし、とおくにほかのなかまを、ふやすこともできないから、パラシュートみたいなわた毛がついているのです。

F男

ここで、たんぽぽの二つ目のちえを教えましょう。たんぽぽは、ずうっととおくになかまをつくりたいから、しろいわた毛をつけています。わたげをつけてなくてたねだけだとすぐちかくにぽろぽろとおちてしまいます。たんぽぽは、こんなちえをもっているのです。たねだけではとびません。

○四つ目のちえ

M子

ここで、たんぽぽの四つ目のちえを教えましょう。よく晴れて風のある日には、わた毛のらっかさんは、いっぱいにひらいて、さあとんでやるーと思って、とおくまでとぶけど、しめりけの多い日や雨ふりの日には、どうせとんでもちかくにおちるからなーと思って、すぼんで、そこにじっとしておくのです。

N男

ここで、たんぽぽの四つ目のちえを教えましょう。たんぽぽの四つ目のちえは、よく晴れて風のある日には、風があるからいっぱいにひらくぞという気もちでひらいて、しめりけの多い日や雨ふりの日には、このままひらいとくとすぐ下におちるからと思ってすぼむところがたんぽぽの四つ目のちえです。

3　描いた絵から本文とのズレを見取る

子どもが描いた絵から本文とのズレが見取れたのは、第四のちえの箇所である。キーワード「すぼむ」に関わって、綿毛の様子を話し合った後、絵を描いた。その結果、S子は、綿毛の一つ一つがすぼむ（M子の絵参照）というよりも、開いた花がすぼむようなイメージを描いていた（S子の絵参照）。したがって、次時に、綿毛がすぼんだ様子を再度話し合わせながら、そのイメージを確かなものにするようにした。

こうしたことから、子どもたちがイメージしたことを、絵からよく見取っていく一方で、子どもたちの描いた絵をもとに、イメージを修正したり深めたりする教師の働きかけが重要となるのである。

今回、「絵本づくり」を中核にして、「たんぽぽのちえ」を実践した。その結果、「絵本づくり」（いわゆる「絵画法」）は、本教材（説明的文章）のように、心情よりも様子をイメージ化するように表現されている教材における場面のイメージ化の手だてとして、有効であることが示されたといえる。特に、本教材では、蝶や蜜蜂の視点に立っての吹き出し法は、たんぽぽの様子のイメージ化における子ども一人ひとりのオリジナルな読みを促す働きがあったといえる。

本当
でも、しめりけの多
い日や、雨ふりの日に
は、わた毛のらっかさ
んは、すぼんでしまい
ます。それは、わた毛
がしめって、おもくな
ると、たねをとおくま
でとばすことができな
いからです。

M子の絵（第４のちえ）

S子の絵（第４のちえ）

【付記】本稿は、筆者が担任した山口大学教育学部附属光小学校二年一組三九名（男子一八、女子二一）を対象に、一九九五（平成七）年六月に実践したことをもとにしている。

二　子育て日記をつくろう【「一つの花」（四年）】

(一)　授業づくりについて

本単元では、登場人物の行動や様子のイメージ化をもとに、そこから特に心情をイメージする力に培う教材として「一つの花」を取り上げた。ここでは、「子育て日記」を表現活動の中核として位置づけることにした。母親になって「子育て日記」を書くことは、ゆみ子や父親像、さらには、母親自身の思いをも子どもが自力でイメージしていく上での支援活動となろう。そして、「子育て日記をゆみ子が見せてもらった」という設定で、ゆみ子になって両親への思いを書く活動を取り入れる。これは、すでに醸成されているイメージを再構成して新たなイメージである「ゆみ子の両親への思い」を形成させるためである。

子どもたちは、母親になって「子育て日記」を書いたり、ゆみ子になって作文を書いたりすることによって、ゆみ子・父親・母親を関連づけながら読み、作品世界をより豊かにイメージしていくと考える。

㈡　単元の目標

・「子育て日記」を書く活動を通して、登場人物になりきる楽しさを味わわせる。
・行動や様子と関わらせて登場人物の心情をイメージすることができるようにする。
・イメージした内容を再構成して、日記として表現することができるようにする。

㈢　単元計画（全十時間）

基本的な学習過程	共通課題	学習活動	指導上の留意点	
たどる	①「子育て日記」を書く日を決めよう	1　読み聞かせを聞き、初発の感想を交流する。 2　学習計画を立てる。 3　音読練習をする。	・「ゆみ子のお母さんは、『子育て日記』を書いたに違いない」という状況を設定する。 ・場面分けをして、「子育て日記」を書く日を設定する。	（2時間）

ひろげる ― つかむ ― つ　な　ぐ

②
お母さんになって「子育て日記」を書こう

◎場面ごとに「子育て日記」を書く。
①前時の日記を読み内容を想起する。
②本時の場面を確かめ音読する。
③サイドラインを引いたり書き込んだりして自分の読みをつくる。
④読みを交流する。
⑤母親になって「子育て日記」を書く。
（以上の流れで一～五場面を読む。）

（5時間）

・場面ごとに毎回、日記から数人を選んで「子育て日記一枚文集」にして授業の最初に読ませ、内容を想起させる。
・書き込みを発表させながら、読みを整理して板書したり、読みが不十分な箇所は発問したりして、読みを確かなものにしていく。

③
ゆみ子になって作文を書こう

1　ゆみ子になって作文を書く。
①ゆみ子になって「子育て日記」を読む。
②両親に対するゆみ子の思いを作文に書く。
2　「子育て日記」個人文集をつくる。

（3時間）

・書きためてきた「子育て日記」を読み返すことで、学習の振り返りを促す。
・前書き・目次・表紙をつけて「子育て日記」と「ゆみ子の作文」を綴じ合わせる。

㈣　授業の実際

1　ゆみ子に対する父母の思いをイメージする

共通課題②の「お母さんになって『子育て日記』を書こう」では、場面ごとに、母親になって「子育て日記」を書くことで、ゆみ子に対する父母の思いをイメージさせていくようにした。場面ごとの学習の流れを次のようにして、一場面から最終場面（五場面）まで順次進んでいった。

①前時の「子育て日記」を読み内容を想起する。　②本時の場面を確かめ音読する。
③サイドラインを引いたり書き込んだりして自分の読みをつくる。
④読みを交流する。　⑤母親になって「子育て日記」を書く（10分程度）。

以下、A子が書いた「子育て日記」を紹介していくことにする。

三場面（父の出征の日に駅まで送る場面）で、A子は「父のほんとのえがおが……」と題して次のように書いた。

今日、あまりじょうぶでない父（注：夫のこと）も、せんそうにいかなければならなかった。(ア)私は、その前の日に、父といろいろ話した。その中で、ちょっと小さい声で、父が「せんそうか……せんそうにいかなければならないか……。」ということが、一番心の中に、じーんとのこった。私も、そのことは、とても思っていた。そのよく日、(イ)大事にしていたお米で、心をこめて、にぎりめしを作った。私は、このにぎりめしを、さいご、みんなで、おいしくたべたかった。だけど、ゆみ子が、かわいい声で、「一つだけおじぎり……。」と言っていたので、私は、父に、ゆみ子のかわいいえがおを、みせたかったので、ぜんぶたべさせた。父は、そのよこで、うれしそうなえがおだった。だけど、私は、父の心の中は、ちがうえがおじゃないかと思う。

【傍線と括弧内の注は引用者。以下同じ】

まず、本文の「大事なお米で作ったおにぎり」を手がかりに、母のにぎりめしに込めた思いを「このにぎりめしを、さいご、みんなで、おいしくたべたかった。」(傍線(イ))と想像して書いている。次に、本文にも書かれていないし、授業でも話題にのぼらなかった「出征前夜の父と母の思い」を想像して書いていること(傍線(ア))に注目したい。前場面と本場面の間をふくらませた創造的な読みといえる。

また、四場面では、A子は、「ねごとには……」という題で、次のように「子育て日記」を書いている。

今日、ゆみ子は、駅の所で、ずうっと泣いていた。私は、父に、ゆみ子の最後のえがおを見せたかったので、とっても一生けんめいあやした。すると、父がいなくなり、またすぐもどってきた。すると、せんそうで、花は、ほとんど、かれているというのに、父の手に、一輪のコスモスがあった。父は、それを、ゆみ子にわたすと、すぐに汽車に乗っていってしまった。(ア)私は、父にことばもでないぐらい、なみだであふれた。私は、それから、ずっと、ゆみ子を、おんぶして、家に帰った。ゆみ子は、ねごとで、「一つだけのおばな。」と言っていた。(イ)私は、家に帰ったらすぐに、われたコップに、いけた。すると、父の声が聞こえた。「あのコスモスのように、強くいきていくんだぞ。」ときこえた……。

この場面は、ゆみ子と父のことが中心に叙述されているが、A子は、叙述と関連づけながら、二人を見ていた母親の思いを傍線(ア)、(イ)のように想像して書いている。このように、「子育て日記」を書くことによって、我が子、ゆみ子に思いをはせ、父（夫）に思いをはせる母親像がクローズアップされてくるのである。

最終場面では、A子は、「コスモスの花」と題して、次のように書いた。

> 今日も、ゆみ子が、お昼を作ってくれました。私は、いつも、ゆみ子のお昼ごはんを食べるとき、ゆみ子も大きくなって、けっして「一つだけちょうだい。」も言わなくなり、私は、とてもしあわせでたまりません。今ゆみ子と二人で住んでる家のまわりには、コスモスで、いっぱいに、つつまれています。ゆみ子は、いつも、「お母さん、コスモスの水をやってきまーす。」と言って、水をやってくれます。お父さんの声とえがおが、年に一度見えてきます。私は、それを見るときは、お父さんにもらった一輪の花を持って見ています。

「『一つだけちょうだい。』も言わなくなり」、「お昼を作る」までに「大きく」育ったゆみ子を「とてもしあわせ」でたまらないと思う母親を表現する一方で、戦争で失った夫の面影をたどり、喜んでくれている「お父さん（夫）の声とえがお」をありありと思い描き、「お父さん（夫）にもらった一輪の花」を思う（受け継いだ）母の姿を表現しているといえる。このように、我が子、ゆみ子に対する母の思い、父（夫）に対する母（妻）の思いが、日記を通して表出されているのである。

こうして、子どもたちは、「子育て日記」を通して、戦争時代を生き抜き成長していったゆみ子に寄せる両親の思いを表現していったのである。

2　ゆみ子の思いを深める

共通課題③「ゆみ子になって作文を書こう」では、「子育て日記をゆみ子が見せてもらった」という設定で、ゆみ子になって両親の思いを書く活動を取り入れた。子どもたちは、ゆみ子になって、自分の書きためた「子育て日記」を読み返し、その上で、ゆみ子の思いを書いていった。（「子育て日記」を読み返すことは、学習の振り返りの場として機能したともいえる。）

A子は、ゆみ子の父に対する思いを「お父さんがいたの？」と題して次のように書いている。

私は、今日、お母さんの日記を読んでみると、ところどころに、お父さんの考えや、お父さんのコスモスのことが、かいてあった。私は、今日、はじめて、お父さんがいることをしって、私は、びっくり。今、家の庭にあるコスモスはお父さんにちがいないと思った。するど、今なんだか、頭の中に、私が小さいころがうつり、そのよこに、お父さんが立っていた。…………。たぶん、私のお父さんは、やさしくて、心配してくれる人で、いい人だと、私は思う。だけど、お父さんは、どこに、今いるの。私今すぐにでも、会いたい。だって、私もう、こんなに、そだったんだもん。お父さんに会って、かぞくになりたい。

「お父さんのコスモスのこと」を知り、「今、家の庭にあるコスモスはお父さん」と思い、自分の記憶から父の面影を探る中で、「こんなにそだった」ゆみ子が、「お父さんに会って、かぞくになりたい。」と父に会いたい思いを募らせていることが表現されている。

このように、ゆみ子になって作文を書くことによって、ゆみ子の思いがイメージされていく中で、子どもの内面に、払拭することのできない戦争の傷跡が浮かび上がってくるのである。

こうして子どもたちが書き上げた「子育て日記」や「ゆみ子の作文」を各自が綴じ合わせることにした。前書き・目次・表紙をつけて、「子育て日記」の本（個人文集）が完成したのである。

第三節　読み取った文章や構成にならって表現する

一　みんなで楽しむ詩のリズム【「食べもの」（中江俊夫）、「なわ一本」（高木あきこ）、「年めぐり――しりとり唄――」（阪田寛夫）・三年】

(一)　授業づくりについて

本単元は、教材文（詩）やそれをヒントにして自分でつくった詩を音読しながらリズムを楽しませるものである。そこで、リズミカルでなおかつ詩作のヒントを促し易い三編の詩を取り上げた。「食べもの」は、歯切れの良いテンポで、食べたり見たりした時の感覚や様子を擬声語・擬態語を巧みに使って表現している。「なわ一本」は、四連構成で、縄を使っての楽しい遊びが言葉の繰り返しによってリズミカルに表現されている。「年めぐり――しりとり唄――」は、正月から始まり尻取りで一年間を大晦日で結ぶ三四五調で表現している。単元の流れは、まず、三編の詩を全文視写させ、音読を工夫させることによって、イメージ豊かに様子を思い浮かべさせ、詩のリズムや表現の特徴に気づかせる。次に、気に入った詩をヒントにして詩をつくることによって作者がたどった創作の過程を追体験させ、表現の特徴を実感的に理解させる。さらに、つくった詩を音読してリズムを楽しませる。

(二)　単元の目標

・様子を思い浮かべながら詩のリズムを音読して味わい、イメージを深めることができる。
・全文を視写することによって、詩のリズムや表現の特徴に気づくことができる。
・教材文の表現のしかたをヒントにして詩をつくり音読することができる。

(三)　単元計画（全八時間）

基本的な学習過程	たどる
共通課題	詩を書き写そう
学習活動	1　詩を視写する。 2　音読する。
指導上の留意点	・詩を板書しながら紹介し、それを視写させる。 ・視写の途中に立ち止まり、詩の言葉を予想させる。 ・一人で、全員で、列ごとに、というように音読の形態を変えていく。

（3時間）

ひろげる ― つかむ ― つなぐ

つなぐ

詩を音読しよう

1　グループで音読する。

2　詩の特徴をまとめる。

（3時間）

・三～四人グループで音読を工夫させる。

・三編の詩が一覧できるように模造紙に詩の特徴をまとめていく。

＊一編の詩について「たどる・つなぐ」（二時間）を行ない、これを三編の詩について繰り返す（計六時間）。

＊三編の詩（「なわ一本」・「食べもの」・「年めぐり――しりとり唄――」）

ひろげる・つかむ

詩をまねてつくろう

1　選んだ詩をヒントにして、詩をつくる。

2　つくった詩をグループで音読する。

（2時間）

・ヒントにする詩でグルーピングし、三～四人グループを編成する。

・一人が一連の詩をつくり、それをグループでつないで、三～四連構成の詩にする。

・完成した三～四連構成の詩をプリントにして、グループで音読を工夫させる。

(四)　授業の実際

1　視写・音読を核にして読む

まず、「なわ一本」を視写、音読し、次に、同じ手順で「食べもの」「年めぐり」へと進んでいった。その概要は、次のとおりである。

○「なわ一本」：視写した後、リズミカルな表現に触れさせながら、なわ一本を使った楽しい遊びのイメージ化を促していくために、音読を核にした活動を展開した。子どもたちは、一人ひとりの音読から、グループごとの音読へと進んでいった。例えば、グループで読むところ（「なわ一本」や「オーエス」など）と個人で読むところを決めて、リズムの響きを味わっていった。その中で、子どもたちは、綱引きなどの臨場感が感じられるまでに読み声を高め、あたかも自分たちが遊んでいるかのような思いに浸っていった。こうして、なわ一本を使っての遊びのイメージが音読によってふくらんだのである。

○「食べもの」：詩の言葉を予想させるクイズを織り交ぜながら視写していくことによって、言葉に着目させるようにした。例えば、「かりかり」に続く食べもの（らっきょう）を予想させたり、「うどん」を修飾する言葉（つるつる）をいろいろ考えさせたりした。その後、個人やグループで音読していった。

○「年めぐり」：この詩も二行程度視写した段階で、次の言葉を予想させながら、視写していった。例えば、「めだか」を視写して、次を予想させる。すると、「からす」とか「かえる」とか「そこは文字が四つだから違う。」というように、詩の特徴に着目し始めた。その後、個人やグループで音読していった。

○教材文

食べもの

なかえ　としお

もこもこ　さといも
ほこほこ　さつまいも
はりはり　だいこん
ぱりぱり　たくあん
ぽりぽり　きゅうり
かりかり　らっきょう
つるつる　うどん
くるんくるん　こんにゃく
しこしこ　たこ
しゃきしゃき　はくさい
こりこり　こうめ
ぷりんぷりんの　とまと
ぴんぴんした　たい
あつあつの　ふろふきだいこん
ほかほかのごはん

年めぐり――しりとり唄――

阪田　寛夫

かるた　たこあげ　げんきなこ
こけし　しもやけ　けやきのめ
めだか　かげふみ　みずすまし
しがつ　つみくさ　さくらもち
ちまき　きつつき　きりのげた
たうえ　えひがさ　さくらがい
いなか　かなかな　なつやすみ
みさき　きいちご　ごむぞうり
りんご　ごいさぎ　ぎんやんま
まつり　りんどう　どうわげき
きのみ　みのむし　しかのこえ
えいが　がいとう　おおみそか

なわ一本

高木　あきこ

なわ一本
てっちゃんが見つけた　なわ一本
地面にくるり　うちゅう船になった
てっちゃんのせて　月までとんだ

なわ一本
まこちゃんが見つけた　なわ一本
まほうつかいの　ふしぎなベルト
おなかにむすぶと　王女さまになれる

なわ一本／なわ一本
なわとび　ぶらんこ　つなひきオーエス
おさるのしっぽに　ぞうさんのおはな
おすもうハッケヨイ　だいじな土ひょう
電車ごっこじゃ　とっきゅうひかり

（四連・略）

2　教材文を選び、それをヒントにして詩をつくる

三編の詩の特徴を整理した後、「三つの詩のどれかをヒントにして、僕の私の詩をつくろう。」と投げかけ、どの詩をヒントにした詩をつくるかを決めさせた。ここで、子どもたちに詩を選択させたのは、空想の世界に遊ぶ（「なわ一本」）と言葉の世界に遊ぶ（「食べもの」・「年めぐり」）のどちらかで、自分のよさを発揮させたいと考えたからである。

そして、ヒントにする詩でグルーピングして、さらに、グループ内で、三〜四人の班をつくった。班をつくったのは、一人がつくった詩を班で集めて、三連や四連構成の詩に仕上げるためである。

次に、グループごとに次のような〈つくるときの約束〉を提示しながら、発想を促した。

> ●「なわ一本」：「なわ一本／○○ちゃんが見つけた　なわ一本」（○○は自分の名前を入れる。）の言葉は、そのまま取り入れて、一連の詩をつくる。これを班四人で一緒にし、四連構成の詩にする。
> ●「食べもの」：食べたり見たり触ったりした時の食べものの感じを一行ずつ書いていく。
> ●「しりとり唄」：一行が三音・四音・五音になるようにする。少なくとも一行は尻取りになるようにする。

「なわ一本」では、第四連の「なわ一本／あき地におちてる　なわ一本／夕日がきえた　夕方も／だれかをまってる　なわ一本／なにかになりたい　なわ一本」の表現とつないで、「なわ一本は、子どもたちが使って遊ぶのを待っているんだね。もし、みんなが、なわ一本を見つけたら、どんな遊びをするかな。」と、子どもたちに投げかけて、「なわ一本」を使った遊びを発想させた。

○児童作品例

食べもの

（A班）

ねばねば　なっとう
ぱりぱり　レタス
ぴりぴりの　とうがらし
あつあつ　やきいも
すっぱすっぱ　うめぼし

（R子）

ぽりぽり　おせんべ
ぺろぺろ　あめ玉
さっくさっく　クラッカー
ぷるぷる　プリン
かりかり　かりんとう
ぱりぱり　ポテトチップス

（N男）

とろとろ　スープ
ごくごく　ジュース
しゅるしゅる　ラーメン
ふうふう　おしるこ
つるんつるんの　ひやしそうめん

（K子）

しりとり唄

（B班）

こけし　しろくま　マッチのひ
ひみつ　つりばし　シンデレラ
ラッパ　パチンコ　こどものひ
ひばち　ちりがみ　みどりいろ
ロック　くりのき　きりぎりす
すいか　かねもち　ちいさいこ
こぐま　まりつき　きかんぼう

（Y子）

いかだ　だいぶつ　つりどうぐ
ぐんて　てぶくろ　ろばのみみ
みなと　とびばこ　こうのとり
リング　グループ　プレゼント
トマト　とんかつ　つうしんぼ
ぼうし　しろくま　マヨネーズ
ずこう　うわばき　きりぎりす
すずめ　めんたい　いしだたみ
みずぎ　ぎんがみ　みちしるべ

（J子）

（三連・略）

なわ一本

（C班）

なわ一本
ひろちゃんが見つけた　なわ一本
地めんにくるり　スケボーになった
ひろちゃんのせて　こうえん一しゅう

（H男）

なわ一本
ようちゃんが見つけた　なわ一本
海にくるり　くらげになった
ようちゃんのせて　海の中　ゆーらゆら

（Y子）

なわ一本
まいちゃんが見つけた　なわ一本
お空にくるり　小とりになった
まいちゃんのせて　せかいの空
ぐるり　ぐるり

（M子）

なわ一本
あーちゃんが見つけた　なわ一本
くるくるまわして　てるてるぼうず
「あーしたてん気になあれ」

（A子）

3　グループで音読してリズムを楽しむ

出来上がった詩は、プリントして、グループごとに読み方を工夫していった。例えば、次のようにである。

◎「なわ一本」：「なわ一本」は、全員で、他は個人で分担して音読する。
◎「食べもの」：食べものの名前は全員で、擬声語・擬態語は、個人で分担して音読する。
◎「しりとり唄」：尻取りをしながら一人ずつ音読を回していく。

こうして、子どもたちは、詩を読むことの楽しさを増幅していったのである。

二　キョウリュウの本を出版しよう【「キョウリュウの話」他（四年）】

㈠　子どもが主体的に取り組む授業過程を

これからは、過去の実践に学びつつも、読みと作文を関連させた授業過程のなかで培われる力が、新しい時代に生きて働く国語の力とならなければならない。そのためには、まずもって、授業過程が、子どもが主体的に取り組むプロセスとなっていることが必要である。こうした点を視野に入れつつ、読みと作文を関連させた授業過程のあり方を、実践事例「キョウリュウの本を出版しよう」をもとに考えてみたい。

(二) 自己の読みを再構成して表現する

本実践を述べる前に、まず、ここでは、読みに比重をかけた、いわゆる「読むために書く」場合の例を紹介する。単元名は、「子育て日記をつくろう」【「一つの花」(四年)】である。この単元については、詳しくは前掲第二節二を参照されたい。

ここでは、子どもたちは、各場面ごとに読み取ったことを母親の視点に立って「子育て日記」を書くことで、自分の読みを組み替えながら再構成し、新たなイメージとしての母親の思いを形成していく。そして、場面ごとに想像して書きためた「子育て日記」をゆみ子になって読み返す、すなわち、「子育て日記」をゆみ子の視点から再度構成し直すことによって、新たなイメージとしてのゆみ子の思いを形成していくのである。

このように、子どもたちは、母親の視点やゆみ子の視点で自己の読みを再構成して表現することによって、主として想像力を働かせて、作品世界をより豊かにイメージしていくのである。

(三) 自己の論理を形成するために情報探索の読書をする

次に、作文に比重をかけた、いわゆる「書くために読む」場合を紹介する。単元名は「キョウリュウの本を出版しよう」(光村四年旧版「キョウリュウの話」他)である。指導計画は次のとおりである。

第一次　恐竜について研究しよう(二時間)
○恐竜について知っていることを発表する。

○恐竜文庫づくり（子どもたちが持ち寄って集める。）
第二次　研究テーマを決めて調べよう（五時間）
○教材「キョウリュウの話」を読む。（分かったことや、さらに知りたいことを発表して研究テーマを決める。）
○みんなで集めた恐竜文庫の本を読む。
第三次　書くときの組み立てを考えよう（一時間）
○教材「キョウリュウの話」をもとにする。
第四次　読んでよく分かるように研究を書こう（二時間）
○問題提示文を入れ、つなぎ言葉を工夫して書く。
○恐竜の絵を描いて、挿絵にする。

子どもたちは、自分の研究テーマが決まった段階（第二次）で、テーマについて書いてありそうな本を読んでは、恐竜研究カードにメモしていった。これは、これまでの学習で培った読む力を駆使して、自分の研究テーマにとって必要な事柄（情報）を切り取っているのである。

そして、子どもたちに書ける見通しが立った段階（第三次）で、書き方、特に文章の組み立て方（論理展開）の手がかりにさせるために、再度、教材「キョウリュウの話」を読ませた。子どもたちに教材の書き方でヒントになることを発表させた後、共通のめあてとして次のことを指示した。

○書き出しの文・問題提示の文を書く。
○問題の答えを「まず・次に・それから・このように」のような「つなぎ言葉」を工夫して書く。

このように、教材「キョウリュウの話」は、最初は情報源として活用され、そして、いざ書く段階になって、表現方法も学べるものとなったのである。B子は、恐竜研究カードを整理したり、不足した情報を得るために再度読書をしたりした上で、主として思考力を働かせて様々な情報をつなぎ合わせて構成し、次のように書いている。

キョウリュウのせいしつと食べ物

今から二億年ものむかしに、キョウリュウは、とても栄え、いろいろなキョウリュウがいました。
では、世界には、どんなせいしつのキョウリュウが、どんな食べ物を食べていたのでしょう。
まず、史上最強のキョウリュウ、ティラノサウルスは、全長約十五メートルであまり大きくはありませんが、（略）
次に、とくべつ大型なウルトラサウルスやブラキオサウルスは、体の大きいわりにはおとなしくて、（略）
このことから考えてみると、草食性のキョウリュウは、おとなしく、草や木の葉などを食べていて、肉食性のキョウリュウは、せいしつがあらく、（略）
このように、地球にはいろいろなキョウリュウが（略）

完成した原稿は、恐竜の本（学級文集）にして、家族に読んでもらったり、図書室に置いて、全校の子どもたちに読んでもらったりしたのである。

㈣　再構成と論理形成を重視する

これからの社会では、新たな視点（発想）から想像力を働かせて新しいイメージを形成したり、思考力を駆使して新しい枠組みの論理を創り上げたりしていくことが要求される。したがって、読みと作文の関連指導では、子ども自らが言語による想像力や思考力を働かせて、自分の読みや考えを自分の言葉で表現することを基本原理とするのである。実際的には、二つの事例をもとにすると、次のように再構成と論理形成を授業過程に位置づけることが肝要となる。

○【読むために書く場合】子ども一人ひとりの読みをつくりあげる過程を重視する。その際、一単位時間や単元全体で形成されたイメージを新たな視点で再構成させる。
○【書くために読む場合】子どもの論理（考え）を形成する過程を重視する。その際、必要な情報を探索するための読書活動や表現方法を調べる活動を位置づける。
○最終目標（ゴール）を子どもに提示し、活動に必然性を持たせる。その際、伝達する対象（相手）を明確にして発信するようにする。

今後、言語による想像力と思考力の具体を実践から帰納的に措定していくことが課題といえる。

第四節　創造的に表現する

一　「ひらがな虫」のお話をつくろう【「ひらがな虫」他（一年）】

本単元は、教材「ひらがな虫」（山下明生・作）の読み取りをもとにして、お話づくり（創作）へと発展するように構成し、実践したものである（昭和五九年一一月実践）。

(一)　教材について

教材「ひらがな虫」は、主人公のはるおが、目玉のような丸（むすび）のある平仮名の目を塗りつぶし、羽と胴体と足をつけ、ひらがな虫をつくるが、その虫たちが飛び立ち、部屋中大騒ぎになるというファンタジックな作品である。はるおがひらがな虫をつくるきっかけは、自分の名前を反対（鏡文字）に書いてしまい、「は」の字と「お」の字が虫の顔に見えたからである。それで、おもしろくなって、目玉のような丸のあるひらがなをみんな抜き出し、いっぱい虫をつくるのである。

鏡文字を使ってひらがな虫をつくるところ、つくったひらがな虫が飛び立つというところに、一年生の興味を引く発想のおもしろさがある教材である。以下がその全文である。

ひらがな虫

山下　明生

こんなことって、あるでしょうか？

ようちえんのころでも、へっちゃらで書いていた自分の名前を、だいじなテストのときにまちがえるなんて。

「そんな、だんだんばかになる子なんか、見たことも聞いたこともないわ。いつも、いいかげんな気持《きも》ちで勉強《べんきょう》してるから、しっぱいするんじゃないの。自分の名前くらい、目をつぶっても書けるように、ここに百ぺん、はるおという字を書きなさい。」

おかあさんは、はるおの前にノートをひろげると、泣《な》きだしそうに両手《りょうて》で顔をおおって、へやから出ていきました。

＊

はるおだって、泣《な》きたい気持《きも》ちです。
どうして、こんなにやさしいはるおのはの字を、はとはんたいに書いてしまったのか……。たぶん、左バッターになろうとして、左手で字を書くれんしゅうをしたのが、いけなかったのです。
はるお　はるお　はるお　はるお
ノートに二十ぺんも書かないうちに、はるおは、ばからしくなりました。
こんなの、百かい書いたって千かい書いたって、死《し》ぬまで書いたってまちがえっこないや。
だんだん、はらがたってきて、わざと一行だけ、
はるお　はるお　はるお　はるお　はるお
と、はんたいに書いてやりました。

＊

そのときはるおは、おかしなことに気がつきました。

となりあわせにならんでいる、はの字とおの字が、なにかの顔のように見えたのです。
それで、こんなふうに、目をぬりつぶしてみました。

そしたら、虫の顔ににてきたので、はねとどうたいと足を書きこみました。

なんだか、はちみたいです。
ついでにはるおは、るの字もおの字も、虫にしました。

こんな虫ができました。
ますますおもしろくなってきて、目玉のような丸《まる》のあるひらがなを、みんなぬきだし、いっぱい虫をつくりました。
たちまちノートは、こんちゅう図鑑《ずかん》になりました。

*

「ずいぶんねっしんに、やってるわね。はい、おやつよ。」
へやの外で、おかあさんの声がしました。

はるおは、いそいで立っていって、おやつのプリンをつくえの上にはこんできました。

おやつを食べていると、プリンのかけらがノートに落《お》ちました。

すると、どうでしょう。ひらがなの虫の目玉が、きょろりとうごきました。首をのばして、プリンをなめはじめたではありませんか！

＊

「あっ、あっ、あっ！」

はるおは、思わずからだをうしろに引きました。

ノートの中のひらがな虫が、いっせいに歩きだして、おさらのプリンにとっしんしてきたのです。

「こら、やめろ！　ぼくのおやつだぞ！」

はるおは、ノートをむちゅうでふりはらいました。ぶーんとはねをならして、虫たちがとびたちました。

＊

まるで、虫かごの中にいるみたいに、へやじゅう大さわぎ。はるおの頭のまわりを、わんわんとびまわります。中には、はるおのはなの頭にとまりにくる、ずうずうしいやつもいます。

はるおが、ひっしで虫たちをおいはらっていると、となりのへやから、おかあさんがさけびました。

「なにしてるの！　たいそうなら、外でしなさい！」

「いや、なんでもない。虫が……虫がとんできただけ。」

はるおは、あわてていいました。

＊

こんなへんな虫を、おかあさんが見たらたいへんです。それこそ、きぜつしてしまうでしょう。

はるおは、大いそぎで虫をつかまえては、ふでばこの中にかくしました。

ようやくさいごの一ぴきをつかまえたとき、おかあさんが、殺虫剤《さっちゅうざい》を持《も》ってはいってきました。

「もうだいじょうぶ。虫、にげたよ。」

はるおは、ふでばこのふたをおさえながらいいました。

おかあさんは、たたみに落《お》ちているはるおのノートを取《と》り上げて、ぱらぱらめくりはじめました。

「まあ、これっぽっちしか書いてないの。今までなにしてたのよ。もっと、しんけんにやりなさい！」

おかあさんは、ノートではるおの頭を、ポンとたたきました。

＊

おかあさんが出ていったあとで、はるおはノートを開《ひら》いてみました。あんなにいっぱい書いたはずのひらがな虫は、きれいに消《き》えていました。

それはそうだよな。虫たちはみんな、ふでばこの中だから。

はるおは、そっとふたをあけて、ふでばこをのぞきました。

ところが、ふでばこの中にも、虫は一ぴきもいませんでした。

そのかわり、けしごむが半分くらい、虫にかじられたようにちびていました。


【きょうはこの本読みたいな2「0点をとった日に読む本」（偕成社）所収】

(二)　読み取りからお話づくりまでの段階

子どもたちが、教材を読み取る中で、鏡文字でつくったひらがな虫が飛び立つという発想のおもしろさに触発され、想像をふくらませ、自分のつくったひらがな虫が登場するお話をつくるまでの段階を次のように考えた（表3参照）。

表3　単元構成

創作過程		学習活動	時間	目標
発想 ←	「ひらがな虫」の読み取り	①とおし読みをする。	1	◎はるおが書いたひらがな虫が、プリンをなめ、わんわんとびまわるふしぎさとおもしろさがわかる。 ○本文や挿絵と自分の生活経験を結びつけて、人物の気持ちや行動を想像することができる。 ○読み取ったことを順序よく話すことができる。 ○一人でいるときと二人でいるときの表現の使い分けに関心をもつことができる。
		②たしかめ読みをする。	5	
		③まとめ読みをする。	1	
発想	「ひらがな虫」のお話づくり	①ひらがな虫をつくる。	1	◎自分がつくったひらがな虫の飛ぶ場所や様子をはっきりさせて、おもしろいお話づくりができる。 ○想像したことを順序よく文章に書き表すことができる。 ○長音、拗音、促音の表記ができ、助詞（は、へ、を）を文の中で正しく使うことができる。 ○かぎ（「　」）の使い方や読点の打ち方に注意し、句点を打つことができる。 ○文の中における主語と述語との照応に注意して書くことができる。
構想 叙述		②お話づくりをする。	6	
読み味わい		③お話を発表する。	1	

1　お話づくりを触発する読み取りを

まず、教材「ひらがな虫」の読み取りが始まる。ここでは、主人公が描いたひらがな虫が、プリンをなめ、わんわん飛び回るふしぎさとおもしろさを、内容と書きぶりとから読み取らせることが大切である。そのための学習活動として、音読、部分視写、動作化、絵画法、登場人物の会話や心内語づくりを試みる。たとえば、主人公と同じように、鏡文字を使ってひらがな虫をつくる作業（絵画法）を通して、主人公の気持ちに同化させるのである。

このような様々な学習活動によって、子どもたちは、ひらがな虫の様子をイメージ化したり、主人公に同化したりして、自己の内面に、「ひらがな虫の世界」を譲成していくことになるのである。つまり、読みが深まれば深まるほど、子どもの内面の「ひらがな虫の世界」は鮮明なものになるといえる。そのことが、ひいては、お話づくりへの意欲づけとなり、イメージ化を促すことになると考える。

2　お話づくりの発想は「ひらがな虫」から

次に、読み取った内容に取材して、お話づくりの内容を発想させる段階を設定する。ここでは、まず、読み取りで譲成された子どもの内面の「ひらがな虫の世界」とからませながら、「空を飛びたい」という子どもの欲求を意識化させ、その欲求をお話づくりの中で充足させるようにつなぎ、表現意欲に火をつけてやるのである。そして、教材の持つ内容的発想をヒントにして、「自分のつくったひらがな虫に乗って飛んでいくお話」づくりへと練り上げさせていくのである。子どもたちは、教材の「ひらがな虫の世界」から抜け出て、子ども独自の「ひらがな虫の世界」を創り上げていく段階であるともいえる。

3　お話づくりの構想は既習教材から

さらに、教材の構成から学び、お話の構想を立てる段階を設定する。教材「ひらがな虫」は、部屋の中でできごとが展開する。一方、行動的な子どもたちは、部屋を飛び出て自分の行きたい所へひらがな虫を飛ばしたい欲求からお話をイメージ化していく。そこで、ここでは、既習教材「はしれはしれ」「くじらぐも」をヒントにして構想を立てさせるのである。空へ海へと飛んで行く汽車（「はしれはしれ」）、大空を泳ぎ回る「くじらぐも」と、「ひらがな虫の世界」を重ねることによって、お話は広がっていくのである。

4　既得の表現力を駆使して

最後の段階は、子ども独自の「ひらがな虫の世界」を言葉に置きかえて表現する段階である。ここでは、イメージに即して、言葉を選んだり、既習の理解教材で学んだ表現のしかた（書きぶり）を使ったり、既得の表現力を駆使したりして叙述していく段階である。

(三) お話づくりにおける授業の実際

お話づくりを、発想、構想、叙述の創作過程ととらえると、教材の読み取りから既習教材の構成に学ぶことへどう移行させるかが指導のポイントとなる。その移行の流れを、授業に即してたどってみたい。

1　発想の段階

(1) 自分の好きなひらがな虫をつくる

教材「ひらがな虫」の「はるおは、……目玉のような丸のあるひらがなを、みんなぬきだし、いっぱい虫をつくりました。たちまちノートは、こんちゅう図鑑になりました。」の読み取りの中で、主人公はるおがしたとおりに、子どもたちにも、ひらがな虫をいっぱいつくらせた。これは、子ども独自の「ひらがな虫の世界」をつくっていく創作の出発点になったのである。

次に、教材の読み取りが終了した段階で、「はるおがつくったひらがな虫が飛び立ったけど、みんながつくったひらがな虫も飛び立つといいね。」と投げかけた。すると、子どもたちは、口々に「そうだなあ。」「ぼくのひらがな虫に乗って飛んでみたいなあ。」「わたしの行きたい所へ連れてってほしいなあ。」などと言い出した。そこで、「お話づくりをして、自分のつくったひらがな虫に乗って行きたい国へ行こう。」という課題を与えた。

そして、読み取りの中で描いたひらがな虫の中から、乗りたい虫を一匹選ばせ、四つ切の白ボール紙にクレパスで描き直させた（図3参照）。子どもたちは、「ひらがなかぶと」だとか「ひらがなちょう」だとか、自分の虫に名

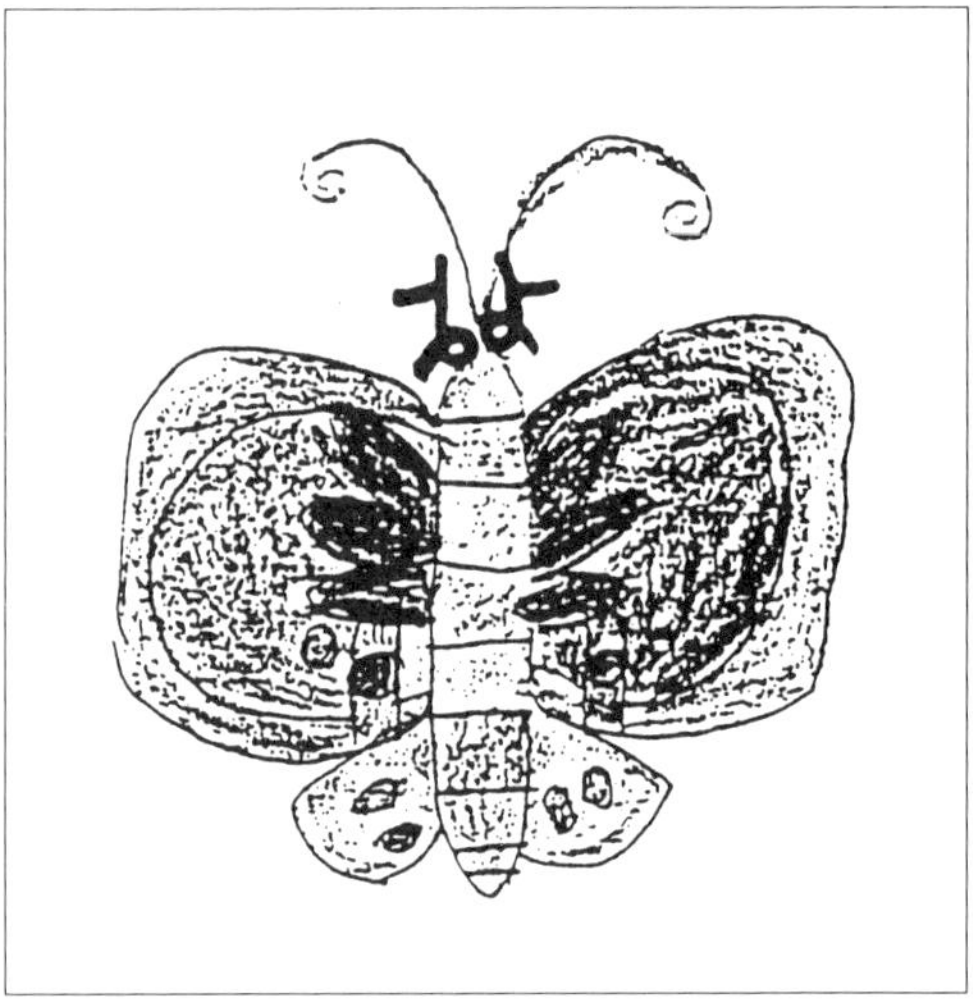

図3　お菓子の国へ行くひらがなちょう（A子の作品）

前をつけて喜んで描いていった。「ぼくはラジコンの国に連れてってもらうんだ。」などとつぶやきながら、心は早くも行きたい国へ飛んでいるようであった。子どもたちは、ひらがな虫を描きながらお話をイメージ化していったといえる。そして、できあがった子どもたち全員のひらがな虫は、切り抜いて教室につり下げた（学習環境づくり）。

⑵　ひらがな虫の飛んだ国を想像する

次に、ひらがな虫に乗って行きたい国を決めさせた。ほとんどの子どもたちは、すでに決めていたが、決まっていない子どもは、友だちの行きたい国の発表を聞く中で決めていった。その中の主なものは、お菓子の国、魔法の国、幽霊船、虫の国、動物の国などである。

2　構想の段階

お話に登場するひらがな虫とそれに乗る自分、飛んでいく国は設定できたが、それらをつなぐ構成のあらましを明確にさせるため「お話を書いていく順番を考えよう。これまで読んだお話でヒントにできるものはないかな。」と投げかけた。すると、「『はしれはしれ』のお話みたいに書いたらいい。」とか、「『くじらぐも』もヒントになるよ。」という発言が出た。そこで、「はしれはしれ」と「くじらぐも」の構成を想起させ、それらをヒントにして、①はじめ（行きたい国へ飛んで行くまで）、②なか（行きたい国へ着いて遊ぶところ）、③おわり（また飛び立って帰るまで）の構成でお話づくりをするように、話し合いを通してまとめていった。

登場人物であるひらがな虫と自分は、自然に決まってきたのであるが、子どもたちから「友だちを一緒に連れて行きたい。」と言い出した。そこで、友だちかおうちの人一人を連れて行ってもよいことにして、主な登場人物を、ひらがな虫、自分、友だち（おうちの人）三人にしぼらせた。子どもたちにとって、それ以上登場人物が多いと話が混乱してしまうであろうと考えたからである。

3　叙述の段階

題名は、教材「ひらがな虫」の題名をまねして、自分のひらがな虫の名前をそのまま使ったり（たとえば「ひらがなてんとう」）、やや発展させて、「ひらがなくわがたのたび」とか「ひらがなとんぼのぼうけん」という形で書いたりしていった。登場人物の「自分」の呼称も、教材をまねさせた。つまり、「ぼく」「わたし」ではなくて、「はるお」と同じように自分の名前で書かせるようにした。これは、三人称語り手の視点で書かせるためである。

書き出しは、教師が幾通りかの文例を示してやり、それらをヒントにして書き進めて行かせた。文例を「『くじらぐも』は『四時間目のことです。』から始まってるね。これヒントにしてね。『おむすびころりん』で『ある日』という言葉が出てきたね。『ある日のひるやすみのことです。』というふうにしてもいいね。」というふうに示して既習教材から学ばせるようにした。さらに、会話で始まる文、行動で始まる文も具体的に示してやった。

書き進める上では、まず「はじめ」の部分のお話づくりをさせた。書く前に、お話の大体（場所、情景、行動）を話し合わせイメージをふくらませて文章化させた。そして、書いた後、よく書けた文章を読んでやったり、教師が朱を入れた箇所を見付けさせたりして、自分が表現する上でのめあてを持たせて、「なか」の部分の文章化へ、同じようにして「おわり」の部分の文章化へと進んで行かせた。

㈣ 実践をふり返って

子どもたちは、お話づくりの中で、空想の世界にスムーズに入り、「空を飛んで夢の国へ行って遊びたい」という欲求を充足させながら意欲的に書いていった。一年生にとって、空想の世界はイメージがふくらみやすく、「もっと書いて遊びたい。」と言って、どんどん書いていったのである（児童作文例参照）。

そういう意味では、創作活動の入門編としてふさわしい単元であるといえる。特に、読み取りを創作過程の発想に移行させるために、絵画法（子ども自らがひらがな虫をつくる）を核とした活動を展開したことは、一年生には適切なものであったといえる。

○児童作文例

ひらがなちょうのたび

A子

ある日のなつやすみのあさです。あいは、ひらひら、ひらひら、というおとで、おきました。あいはふしぎだなあとおもいました。きょうは、がっこうの、あさがおのみずやりとうばんです。みきちゃんをよんで、くるまでいきました。いってみると、まえ、ずこうのじかん、かいたひらがなちょうが、おどったり、あさがおのみつを、のんでいるでは、ありませんか。あいとみきちゃんは、そのひらがなちょうに一つ、たのみがあるんです。それはね、おかしのくににいきたいんです。あいとみきちゃんは、こえをそろえていいました。

「ひらがなちょうさん、おかしのくににつれてってえ。」

ひらがなちょうはびっくりおどろきました。ひらがなちょうは、

「なんだ、あいちゃんとみきちゃんじゃないか、そのねがいごと、かなえてあげる。」

といいました。あいちゃんとみきちゃんは、

「うん、でも、おかあさんにきいてから。」

とこたえました。おかあさんにきくと、

「いいわよ。」

とこたえてくれました。さっそく、しゅっぱつです。

「いってきます。」

がっこうにつくとみきちゃんと、ひらがなちょうは、もうきていました。ひらがなちょうは、ちいさいびんをもってきていました。それは、まほうのちいさくなるびんでした。ひらがなちょうは、

「これをのんでみて。」

といいました。ふたりは、ぱくりとたべると、みるまにどんどんどんどんちいさくなりました。

「さあおかしのくににいくぞ。」

ひらひらひらひらとげんきよくとんでいきました。あいちゃんは、

「ねえ、ねえ、あそこに、とうきょうたわあがみえるわ。」

といっていました。きれいなことりもいました。ひらがなちょうのはねにのっていると、あまずっぱい、はなのみつのにおいがします。うみをとおって、山をとおって、きれいなみずのある川をとおっていきました。

「ややっ、おかしのくにがみえてきたぞ。」

「ほんとだ、ひらがなちょうさん、はやくいって。」

ひゅうとちゅうがえりをしたとたん、おかしのくにに、ちゃくりくしました。おかしのくにでは、みんな、くるまも、でんしゃも、けむりもみんなおかしです。あいとみきちゃんは、

「すごいなあ。」

とおもいました。そこにはジュースの川と、ふんすいがありました。あいとみきちゃんは、むしゃむしゃと、たべはじめました。

「おいしいなあ。」

とチョコを、ぜんぶたべてしまいました。おかしのくには、くもが、わたがしです。ひらがなちょうは、はなのなかにある、ジュースを、ちゅうちゅうとのんでいました。おなかいっぱいになると、かけっことか、おにごっこをしてあそびました。

「ああ、たのしい。でもつかれたなあ。」

といって、おかしのふんすいで、ひとやすみ、おかしのくるまをたべたりしました。つぎにあそんでいるのは、こおりおにごっこでした。そのつぎは、けーきのくるまにのって、レースをしました。

「ああたのしいな。」

といっていました。おかしのくには、ジュースの川もありました。ひらがなちょうの、はねのもようがぴかぴかひかっていました。それは、ジュースをのんだからでした。

「うれしいなあ、まえは、ぴかぴかじゃないのに、こんなきれいなはねになった。」

と、うれしそうにいいました。あいちゃんと、みきちゃんは、ほんとにきれいだなあと、おもいました。こんどは、おかしのじゃんぐるがありました。そしていまからたんけんです。どんどんすすんでいくと、おかしのいえが、ぽっかりと、一けんたっていました。

「あっ、おかしのいえだ。すこしやすんでいこう。」

たったたっ、ひらひらひら、とおかしのいえに、はいっていきました。

「ひええ、こんなにいっぱいのたからがある。」

と、そのとたん、ひらがなちょうのはねから、ぴかぴかひかった、こどもがうまれているでは、ありませんか！

ひらがなちょうは、

「こどもがうまれたから、さっそく、なまえを、つくりましょう。」

というと、なまえづくりです。

「あのしましまのもようの子は、ひらひらちょうにして、こっちの、ちいさいぷつぷつのもようの子が、ひららちょうにして、こっちの、ちぇっくのもようの子が、ぴかぴかちょうで、こっちのぴんくのたまがついている子は、ちょうひらがなにしましょう。」

やっと、なまえがきまりました。四人のひらがなちょうは、おかあさんのはねのもようのことをきくと、すぐにはなのみつを、のみはじめました。すると四人のひらがなちょうもぴかぴかひかっていました。また、じゃんぐるのぼうけんです。こんどは、みんな、おかしのいえにあった、たからと、たべものをもっていきました。どんどんすすんでいくと、あいちゃんは、いえのことがしんぱいになりました。こいぬのじょんもさびしがっていると思いました。

「ねえ、もう、いえにかえりましょう。」

「そうねえ、もうかえりましょう。それじゃ二人とも、わたしのせなかにのって。」

トコン、トコン、と、ふたりがのったとたん、ひらがなちょうがとびたちました。ひらひらひらひらひらひらひらら、というおとを、だして、げんきにとんでいきました。かえりみちのとき、あいちゃんと、みきちゃんは、あまりの、はねの、においでこくこく、ねてしまいました。ひらひら、ひらら、とひらがなちょうは、おどりながら、かえっていきました。かえるとき、とおったみちは、フランスと、アフリカと、オーストラリアと、スペインでした。もうすこしで、なかにわがみえてきました。なかにわにつくと、ひらがなちょうは、あいちゃんとみきちゃんを、ほうりなげて、いそいではなのみつをのみました。あいちゃんと、みきちゃんは、

「いったあ。」

といいました。

「あっごめん。」

とひらがなちょうがいいました。もう、おわかれです。でも、ちいさくなった、あいちゃんと、みきちゃんはどうなるんでしょうか。それは、ひらがなちょうは、かえりみち、ドラエモンに、スモールライトをかしてもらったんです。

「あいちゃん、みきちゃんいま、おおきくしてあげるからね。」

といって、スモールライトをあてると、みるまに、二りの、からだは大きくなりました。

「ひらがなちょうさん、ちゃんと、きょうしつに、もどっててね、それじゃあ、さようなら、またいつか、たびにいこうね。」

「うん。」

といって、ひらがなちょうは、また、ゆうひのそらのほうへ、とんでいきました。

二　挿入話を書く【「たぬきの糸車」（一年）】

㈠　「たぬきの糸車」の読解から作文へ

本教材（岸なみ・作、光村一年下）は、伊豆地方に伝わる民話を再話したものであり、たぬきが大変ユーモラスに描かれており、子どもたちにとって楽しめるものである。

また、本文には叙述されていないが、文脈から、きこりの夫婦がいない冬の間、たぬきが糸車を回したことが想像される。したがって、文脈を手がかりに叙述されていない場面（三場面と四場面の間）を読み広げることができるのである。

そこで、まず、音読をしたり登場人物や語り手になって会話を付け加えたりしながら読解させたうえで、三場面と四場面の間に、たぬきが糸車を回すお話を挿入させることにした。つまり、挿入話を書かせるのである。

授業づくりに当たっては、こうした読解と作文を貫く活動として「紙芝居づくり」を中核に据えることにした。子どもたちが、紙芝居を用いて音読することは、昔から語り継がれてきた昔話の再話である本教材の特性にかなったものである。子どもたちは、紙芝居をするというゴールに向かって、意欲的に読解や作文、さらには音読に取り組んでいくと考えたのである。

目標及び単元計画は次のとおりである。

○目標

・自分のつくった紙芝居を語り聞かせることの楽しさを味わうことができるようにする。
・登場人物の行動や様子、心情について想像したことを会話文や地の文に書き表すことができるようにする。
・登場人物の行動や様子、心情を想像しながら音読することができるようにする。

○単元計画（全十六時間）

第一次　紙芝居の計画を立てよう　（二時間）
第二次　くわしいお話にしよう　（五時間）
第三次　紙芝居を増やそう（挿入話を書く）　（五時間）
第四次　紙芝居の練習をしよう　（三時間）
第五次　紙芝居をしてあげよう　（家庭学習）
第六次　紙芝居の様子を作文に書こう　（一時間）

㈡　授業の実際

1　紙芝居の計画を立てる

まず、読み聞かせをして面白さを交流した後、「紙芝居にして面白さをおうちの人に伝えよう。」と投げかけ、紙芝居づくりの計画を立てさせた。その中で、子どもたちと相談して次のようなことを確認した。

○絵は教科書の挿絵を使い、挿絵に対応して本文を五場面に分け、五枚の紙芝居にする。
○もっと楽しいお話になるように登場人物（たぬき、おかみさん）のおしゃべり（会話）やアナウンサー（語り手）の言葉を付け加えていく。
○おしゃべりなどは、ワークシートに書き込み、本文とそれを紙芝居の原稿にしていく。

登場人物の会話をつくらせることは、登場人物の心情をイメージ化させることである。また、語り手の言葉を付け加えさせることは、登場人物の様子のイメージ化や読者としての感想を促すことになるのである。

2　くわしいお話にする

登場人物の会話や語り手の言葉を付け加えて紙芝居の原稿をつくる学習である。場面ごとの学習の流れを次のようにして、一場面から五場面まで進めていった。

①前時の会話づくりの幾つかを紹介する。
②本時の場面を音読する。

③会話が付け加えられる箇所を見つける。
（語り手の言葉の付け加え箇所は指定する。）
④会話や語り手の言葉を口頭で発表する。
⑤ワークシートに書き込む。
⑥会話や語り手の言葉を交流する。

最終場面である五場面で、I子は、たぬき・おかみさん・アナウンサー（語り手）の言葉を次のように付け加えていた。

【▒は本文、（　）は付け加えた表現】

【五場面・前半】

そっとのぞくと、いつかのたぬきが、じょうずな手つきで、糸をつむいでいるのでした。（「あっあれはいつかのたぬきだ。」「あっそうか。」「いとのたばがつんでいたのといと車にいとがかかっているわけはたぬきがふゆのあいだ、いとをつむいでいたからなんだ。」（略）「よいしょ、よいしょ。」（略）「もうすこしでつむぎおわるぞ。」「がんばろう。」）たぬきは、つむぎおわると、（略）たばねてわきにつみかさねました。（「ふうつかれた。」「これだけつむげば、おかみさんもびっくりするだろう。」いとをつむいでいたのはやっぱりたぬきでした。とてもじょうずですね。）

3　紙芝居を増やす（挿入話を書く）

紙芝居の原稿が出来上がり、「紙芝居を増やそう。」と投げかけたところ、D男の「冬の間のたぬきのことならできるかもしれない。」というつぶやきを契機にして、子どもたちは口々に「冬の間のたぬきのお話ならつくれそうだ。」と言い出した。そこで、冬の間のたぬきの挿入話づくりに入り、次のような活動を用意した。

活動①　紙芝居の下絵を描く。
活動②　お話づくりをする。
活動③　つくったお話をくわしくする。

以下、順を追って説明していくことにする。

(1)　紙芝居の下絵を描く

まず、冬の間のたぬきをイメージさせていくために、「画家になって『冬のたぬき』の紙芝居の下絵をかこう。」と投げかけ、紙芝居の下絵を描かせた。すると、二枚の下絵を描いた子どもが大多数であり、二枚以上描いた子どもも数人いた。なお、一枚で筆が止まっている子どもについては、お話の展開を意識させるために、その前か後かを描くように働きかけてイメージを膨らませた。

(2)　お話づくりをする

次に、「作者になり『冬のたぬき』のお話を書こう。」と投げかけた。

作者になることは、第二次の読解で培った登場人物の会話文づくりと語り手の言葉づくりの力を駆使することとなる。

下絵を見てお話づくりをさせたところ、大きく「地の文中心型」（地の文に片寄る）と「会話文中心型」（会話文に片寄る）の二タイプに分かれた。

(3)　つくったお話をくわしくする

そこで、「お話をくわしくしよう。」と子どもたちに働きかけ、「たぬきのおしゃべり」（会話文）と「アナウンサー

（語り手）の言葉」（地の文）を付け加えさせることにした。その際、地の文中心型の子どもたちには、「たぬきのおしゃべり」を、会話文中心型の子どもたちには、「アナウンサーの言葉」を付け加えるように助言した。つまり、「たぬき↔語り手」の視点移動を促したわけである。

I子は、最初、地の文中心型であったが、次のような作品へと仕上げていった。

【　　は最初の表現、（　）内は補充した表現、番号は絵と対応した枚数】

【挿入話】

①すこしするとたぬきがやってきました。（「あっ糸車だ。」「(ア)わあいこの糸車いちどでもいいからまわしたかったんだ。」「ようしさっそくまわしてみよう。」）そして、糸車をまわしはじめました。（略）（「うんとこしょ。」「みてまねをするのとほんとにするのとは、大ちがいだ。」「はあはあ。」「でもがんばるぞ。」）

②たぬきが、がんばったので、いとがすこしできました。（「ああすこしつかれちゃった。」「でもすこし糸ができたぞ。」「ようしたばねよう。」）（略）たぬきのせなかに、あせがすこしでています。

③また、たぬきは、糸車をいっしょうけんめいまわしはじめました。（「なんだか一かいめより(イ)たのしくなってきたなあ。」「それに糸車をまわすのがらくになってきた。」）さっきよりすこしずつじょうずになっています。あれだけいっしょうけんめいやっているんだからきっといい糸ができるでしょう。たのしみです。（「ようしきっとせかいに一つしかない糸をつくってやる。」「そしてとてもきれいな糸。」「それに(ウ)こころのこもったいとをつくるぞ。」）

④（略）

I子は、活動③で会話文を付け加えて、(ア)、(イ)と(ウ)に見られるように、糸車を回して楽しい思いとおかみさんに恩を返したい思いを表現している。こうした表現ができたのは、「上手な手つきで糸を紡いでいるたぬき」（最終場面）や「糸車を回すまねをするたぬき」（二場面）、「おかみさんにわなから逃がしてもらうたぬき」（三場面）という前後の場面のイメージをつないで、冬の間糸車を回すたぬきのイメージを創り上げたからである。

㈢　「視点を移動してイメージする力」を

本単元は、紙芝居づくりを通して、一貫して登場人物と語り手の視点からのイメージ化を促した。つまり、第二次（読解）の登場人物の会話づくり、語り手の言葉づくりは、登場人物・語り手への同化とその視点からのイメージ化を促すことであった。子どもたちは、学習が進むにつれて書き慣れていったので、イメージが広がっていく楽しさを味わうことができたのではないかと思う。

さらに、第三次の挿入話づくりでは、作者の視点、つまり、登場人物と語り手の視点からのイメージ化を促した上で、登場人物から語り手（又その逆）へと視点を移動させてイメージを広げていったのである。

このように、視点を移動してイメージすることで、想像は広がっていくのである。このことは、読解においてもいえることである。豊かな想像を支えている「視点を移動してイメージする力」を育てたいものである。

【付記】本稿は、山口大学教育学部附属光小学校一年二組を対象に、平成六年一月に実践したことをもとにしている。

第II章　表現力を育む

第一節　作文力を育む

一　ことばのへや（二年）

(一)　授業づくりについて

本教材は、子どもたちの学校生活における思い出（体験）を語り合うことを楽しむ中で、思い出を言葉として集めたり、整理したりする活動を展開していく。九月に行なわれる「うれしのカーニバル」（兵教大附属小学校運動会）は、子どもたちが夢中になって一生懸命、綱引きやリレー、マスゲームなどに取り組むものである。子どもたちが一生懸命取り組んだものだけに、カーニバルに対する子どもたちの思いは、心の中にふくらんでいるといえる。こうした子どもたちの体験に根ざし実感を伴った生きた言葉を大切にして活動を展開する。ここでは、特に、思い出の言葉を集めたり、分類したりしていくプロセスを重視することにした。つまり、言葉の収集・分類の過程で、集めた言葉を自覚したり、言葉そのものについて考えたりしていき、出来事を言葉で捉えたり、言葉の持つイメージを想像したりする力を育むことをねらいとした。

㈡　単元の目標

・カーニバルの時にがんばった思い出、うれしかった思い出を楽しく語り合うことができる。
・カーニバルの思い出をいろいろな言葉で表現し、集めた言葉を観点に従って仲間分けすることができる。
・集めた言葉を解説することができる。

㈢　単元計画（全十三時間）

基本的な学習過程	共通課題	学習活動	指導上の留意点	
ひたる	綱引き（リレー・マスゲーム）の思い出を話そう	1　カーニバルの思い出を自由に話し合う。 2　綱引き（リレー・マスゲーム）の思い出を話し合う。	・カーニバルで頑張ったこと、うれしかったことなどを自由に発表させる。 ・綱引き、リレー、マスゲームに話題を焦点化していく。 ・綱引き、リレー、マスゲームの写真（大判各一枚）を提示して話し易くする。	（1時間）

立ち上がる

綱引き（リレー・マスゲーム）の「ことばのへや」をつくろう

1　ビデオを見て、思い出の言葉をカードに書き、分類する。

2　カードを増やす。

3　プリントに書き込み、「ことばのへや」をつくる。

（2時間）

・10分程度に編集したビデオを見せて思い出をつぶやかせる。
・一つの単語を一枚のカードに書く。
・人、もの、音、声、様子、気持ち別に分類して、仲間分けさせる。
・子どもたちが書いたカードの中から、良い言葉を紹介したり、教室に掲示したりしていく。
・カードの言葉を仲間別にプリントに書かせて、「ことばのへや」をつくらせる。

対象化する

綱引き（リレー・マスゲーム）の「ことばの本」をつくろう

1　各「へや」から言葉を幾つか選び、その解説をプリントに書く。

2　「ことばのへや」のプリントと言葉の解説のプリントを綴じ合わせて「ことばの本」にする。

※綱引き、リレー、マスゲームの三冊の本を一冊にまとめる時間として最後に一時間余分に取る。

（1時間）

・どんな時の言葉か、どうした時の言葉か等、二文程度で解説させる。
・「ことばのへや」ごとに挿絵を描かせたり、表紙に絵を描かせたりして、言葉のイメージ化を促す。

㈾「綱引き」について行なった（1＋2＋1）時間の学習と同様の学習を、「リレー」「マスゲーム」についても行なう。したがって、指導時間数は、（1＋2＋1）×3時間となる。そして、これに加えて、三冊の「ことばの本」を一冊にまとめる時間として、最終に1時間取るので、総時間数は、13時間となる。

㈣　授業の実際

まず、カーニバルの思い出について自由に話し合いながら、カーニバルの種目である綱引き・リレー・マスゲームに話題を焦点化した。そして、それらに関する思い出の言葉が幅広く収集できるように働きかけ、種目別に、「綱引きのへや」「リレーのへや」「マスゲームのへや」の三つの「ことばのへや」を順番につくっていった。それぞれの「へや」をつくっていく上での手順・活動については、ほぼ同様であるので、ここでは、「マスゲームのへや」づくりを中心に述べることにする。

1　ビデオを見て、思い出の言葉をカードに書き、分類する

子どもたちは、「マスゲーム」の写真（大判）を見て、頑張った思い出やうれしかった思い出などを語り合った後、ビデオ（10分程度に編集したもの）を見て、思い出の言葉をカードに書いていった。カードに書くに際しては、一つの言葉（単語）を一つのカードに書くようにした。そして、人・もの・音・声・様子・気持ちの六つの観点に従って分類していった。

2　カードを増やす

カードを増やすために、もう一度ビデオを見てカード化させることにした。まず、子どもたちに自分のカードの枚数を数えさせて、少ない観点のカードを増やすように課題を意識づけた。次に、前時にカード化して分類したものを分析した結果、気持ちと音の言葉が少なかった（図4・A参照）ので、カードの中から、気持ちと音に関した次の言葉をみんなに紹介した。

（音）　シャカシャカ　　パチパチ	（気持ち）　じょうずにできるかな　　見てくれるかな

そして、どんなときの音か、どんなときの気持ちかを考えさせた。さらに、ビデオを見る時には、その時その時の気持ちを振り返らせるために、次の場面でビデオを止めて、気持ちをつぶやかせた。

○入場門で待つとき　○演技中　○演技が終わった瞬間　○退場するとき　○退場した後

また、カードの分析結果と前時の子どもたちの学習ぶりから、本時の子どもの学習ぶりを予想してタイプ分けし、それぞれの支援活動を次のように想定して、個別に働きかけていった。

六つの観点とも言葉が集められている子	それぞれの観点の言葉の数をもっと増やすことに挑戦させる。
言葉が具体的なもの（特に人やもの）に片寄っている子	その人は何をしていたか、そのものは何に使ったか、というところから、様子や気持ち、音、声につないでいく。
同じ種類の言葉が繰り返し出てくる子	カードが増えたことはほめ、他の種類の言葉に意識を向けさせる。

気持ちの言葉が増えない子	心に残った場面の行動や他のカードと関連させて、その時の気持ちを考えさせる。
思い出せなくて言葉が集まっていない子	一番頑張ったところを尋ねながら、思い出がつながるようにしていく。

その結果、図4・Bのように、どの観点もカードが約一・三倍〜二・七倍に増えたのである。

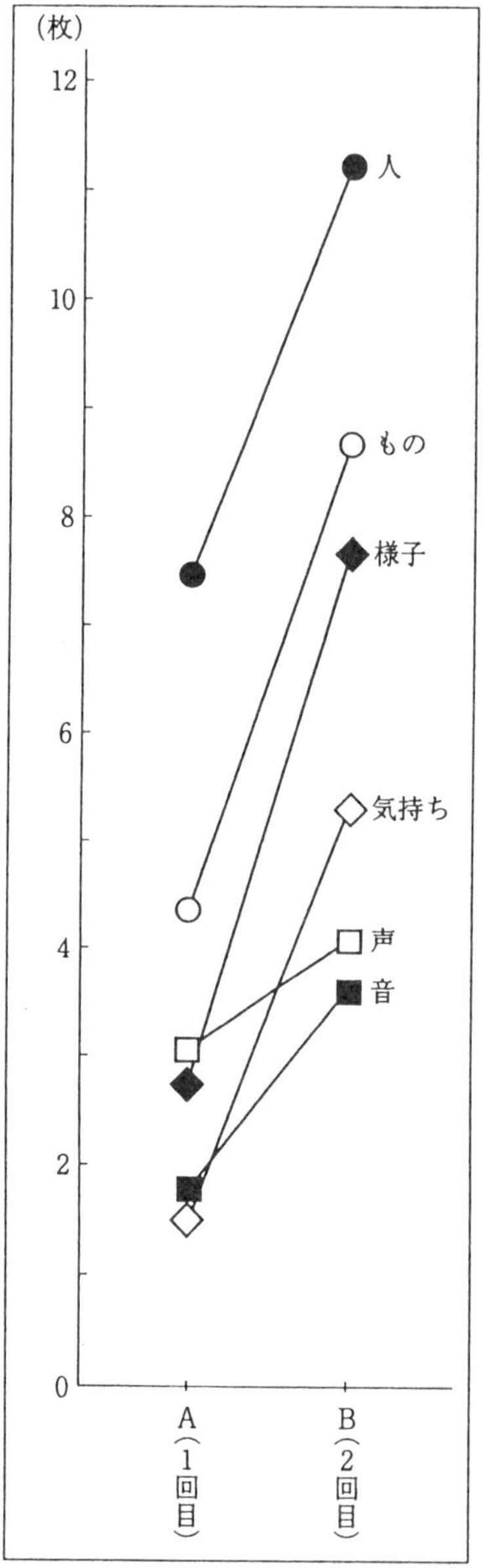

図4　観点ごとの一人平均枚数

3　プリントに書き込んで「ことばのへや」をつくる

子どもたちは、分類したカード別に時間的経過に従って、カードを並べ、それらをプリントに書き込んで、「ことばのへや」をつくっていった。H子は、マスゲームにおける「気持ちのへや」を次のように書き込んでいる。

○きんちょうする　○どきどきする　○わくわくする　○げんきいっぱいにやろう　○うまくできてるかな
○たのしい　○おもしろい　○つかれた　○らい年もがんばるぞ

時間的経過に伴っての、演技前・中・後の気持ちの移り変わりが端的に表現されており、マスゲームの気持ちがキーワードとして見事に抽出された例といえる。

4　「ことばの本」をつくる

「ことばのへや」のプリントが出来上がった段階で、各「へや」から特に思い出に残っている言葉を幾つか取り出し、取り出した言葉から逆に思い出を鮮明にさせるために、その言葉の解説をプリントに書かせた。まず、集めた言葉から思い出をふくらませるために、「ことばのへや」ごとに挿絵を描かせた上で、思い出深い言葉を取り出し、その解説を書かせた。H子が解説したものの一部を次に紹介する。

「どきどきする」（マスゲーム・気持ちのへや）
・これは、マスゲームがはじまる前に入じょう門に立っているときの気もちです。しっぱいしたらどうしようと思いましたが、音楽がはじまると、がんばろうと思いました。

そして、「ことばのへや」のプリントと言葉の解説のプリントを綴じ合わせて「ことばの本」にした。
このようにして、綱引き・リレー・マスゲームの三冊の「ことばの本」が出来上がると、表紙をつくり、これらの本をさらに綴じ合わせて完成とした。

子どもたちは、「ことばのへや」をつくることを通して、思い出（出来事）を言葉で捉えたり、捉えた言葉から逆に思い出を鮮明に（イメージ化）したりしながら、語彙を拡充していったといえる。

二　四こま漫画のお話をつくろう（二年）

㈠　授業づくりについて

漫画は、子どもたちを夢中にさせる。漫画の特性（よさ）を生かし、漫画を作文に取り込むことで、書くことに夢中になる子どもたちをめざして、四こま漫画を使った作文指導に取り組んだ。

四こま漫画を作文指導に取り入れた場合、次のような特性が発揮されると考えられる。

①言葉から想像する力や生活場面を認識する力の弱い子どもでも、絵を見てのイメージ化は比較的容易であること。
②イメージ化する対象がはっきりしており、対象を何度も見ることができること。
③四こま漫画は、起承転結の構成で簡潔であり、子どもたちにとって、お話が分かりやすいこと。
④同一題材なので、子ども同士の学習の交流が図りやすいこと。

こうした特性を生かして、第二学年の作文指導に四こま漫画を取り入れてみた。

取り入れた四こま漫画は、植田まさし・作「コボちゃん」(1)（吹き出しを消したり、部分的に言葉を変えたりしたもの）である。単元づくりに際して、四こま漫画は、会話の少ないものから会話が多くイメージ化できるものへと、段階的に提示していくことによって、地の文だけのものから、会話の入った豊かな文章表現ができるようにした。

(二)　単元の目標

・四こま漫画の面白さを、お話づくりをすることによって楽しむことができる。
・主述の関係や、かぎ（「　」）の使い方に気を付けて、地の文に会話の入った文章を書くことができる。

(三)　単元計画（全七時間）

第一次　四こま漫画のお話をつくろう（二時間）
第二次　かぎ（「　」）を使って四こま漫画のお話をつくろう（二時間）
第三次　じょうずにお話をつくろう（二時間）
第四次　ベスト・ワンを決め、お話がよくなるように清書しよう（一時間）

(四)　授業の実際

第一次から第三次の四こま漫画は、次のとおりである。なお、第三次では、二つの四こま漫画から、一つを選択できるようにした。

〈第一次〉

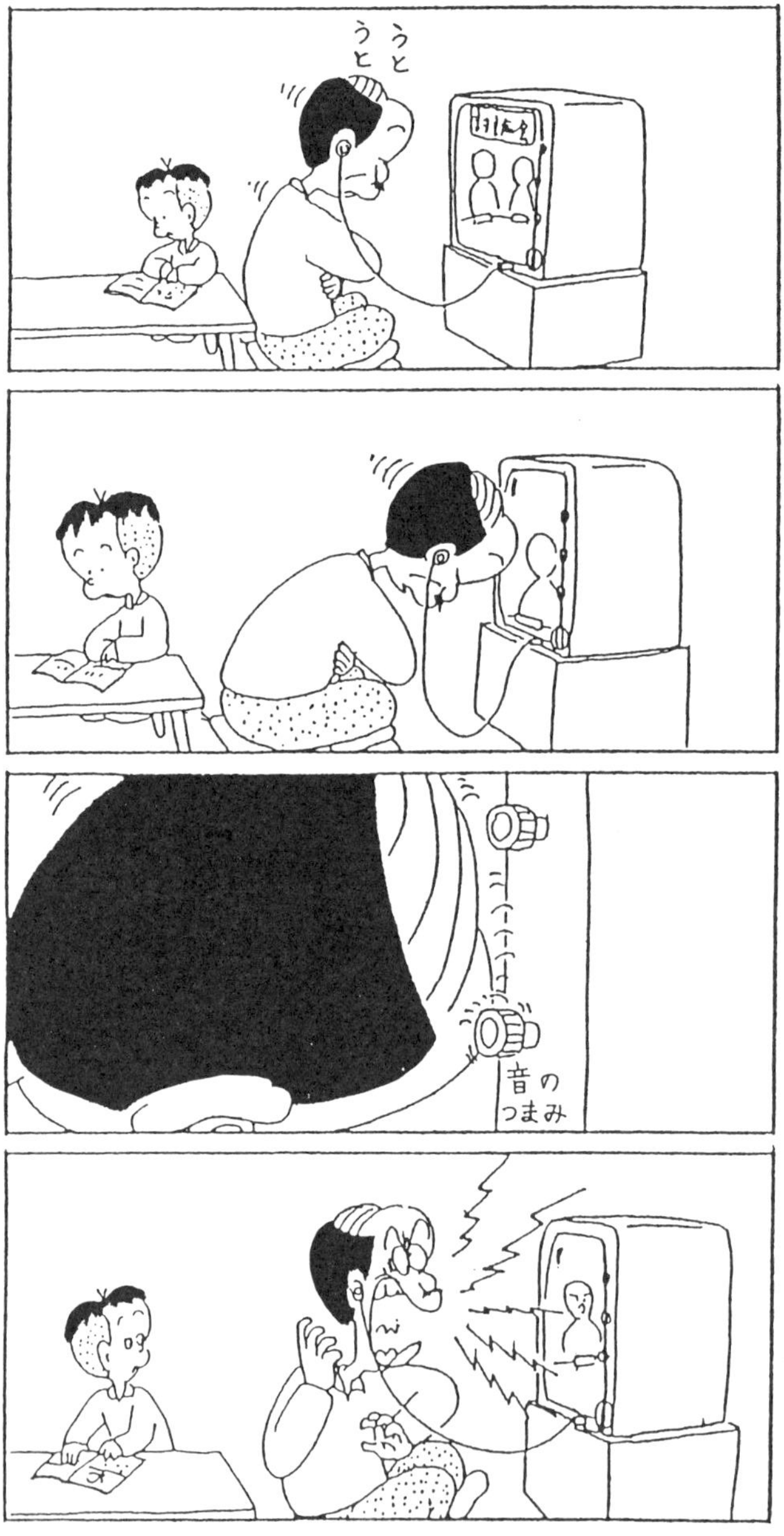

〈第二次〉

〈第三次①〉

〈第三次②〉

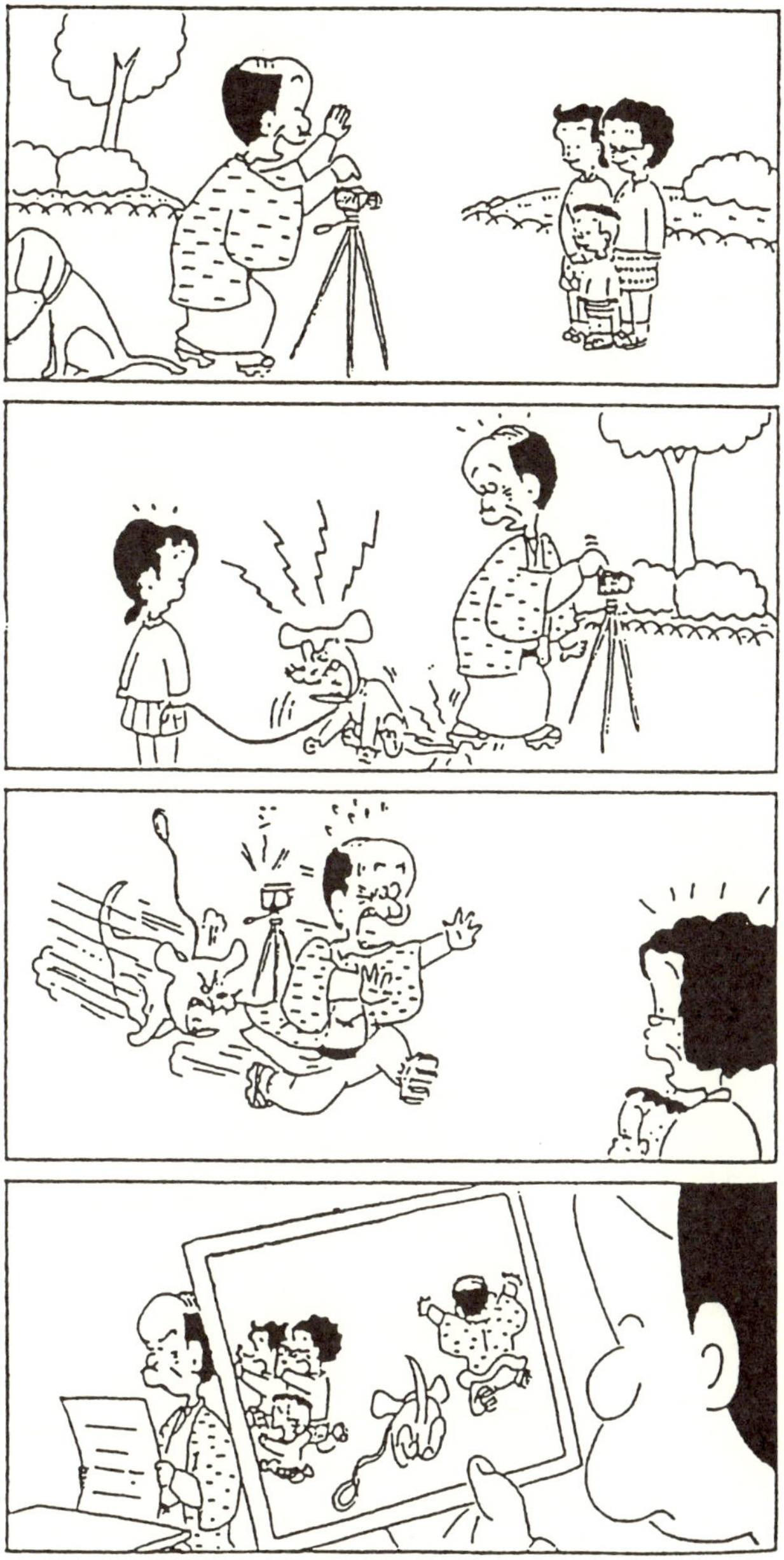

そして、第一次から第三次の一単位時間（二時間分）の授業は、次のように展開した。

○前時に書いた作文を二例紹介する（第二次から）。
○口頭作文【話す・聞く】
・四こま漫画の絵から捉えた思いを自由に話したり、それを聞いたりする中で、絵からのイメージをふくらませていく。
・子どもたちが発表したキーワードを板書しておいて、文づくりの手がかりにさせる。
○作文【書く】
・四こまに即して、四段落構成で（段落番号①～④を打たせて）書かせる。

四こま漫画は、紙芝居形式で、順番に提示していった。その際、一こま目の漫画を提示して、その内容について口頭作文させ、キーワードは、板書していった。以下、二こま目から四こま目まで、提示→口頭作文を繰り返した。そして、口頭作文・板書のキーワードをヒントにして、四こま分のお話を自分自分で書くようにさせた。原稿用紙に書くとき、次のこまのお話に入るときには、行かえをして番号を打たせ（①～④）、段落（四段落構成）を意識させるようにした。

第一次では、四こま漫画から登場人物がしたことのイメージ化を促すようにした。そして、第二次以降は、四こま漫画から登場人物がしたことや話したことのイメージ化を促すようにして、会話部分には「　」を付けることを学習のめあての一つにした。

第四次では、自分のつくった三編の中から、自分のお気に入りのお話ベスト・ワンを決め、お話をよりよくしながら清書した。（なお、清書原稿をもとに学級文集を作成した。）

次に示す児童作文例は、第四次で清書したものである。

○児童作文例

コボちゃん

K子

①コボちゃんは、おもちゃのけんで、ちゃんばらごっこをしてあそんでいたら、しょうじにあたってやぶれて、
「あっ。やっちゃった。」

と言いました。おじいさんは、そのこえを聞いて行ってみると、しょうじにあながあいていたので、コボちゃんに、

「コラ。これはなんなんだ。どうしてあながあいたんだ。おまえが、ちゃんばらごっこなんてするからいけないんだぞ。」

と言いました。
②おじいさんは、かんかんにおこって、トイレにとじこめました。
「もう、しないからゆるしてよ。おじいちゃあん。」

「ぷん。」

おじいさんは、しらんぷりをして行ってしまいました。
③おじいさんが、しんぶんを読んでいると、おばあさんが、
「もういいんじゃないかい。わざとやったんじゃないんだしさ。子どもは、やんちゃなんだよ。」

と言いました。

「あんまりあまやかしちゃだめなんだ。」

「でも、かわいそうに。」

④コボちゃんは、トイレの中で、
「どっか、出られるところないかなあ。」

と言いました。

「あった。」

コボちゃんは、トイレの下の小さなまどからやっと出ると、友だちがいました。

「なんでトイレのスリッパはいてるの。」

「だって、ぼくおこられちゃってさあ。」

コボちゃんは、わけを話しはじめました。

(五)　四こま漫画による低学年の作文指導

地の文に会話の入った文章を書くためには、まずもって地の文をきちんと書くことができなければならない。そのために、本単元では、四こま漫画を会話の少ないものから会話が多くイメージできるものへと、段階的に提示していくことによって、地の文だけのものから会話の入った文章表現ができるようにした。こうした実践を通して、一年生段階で、主述の整った地の文が確かに書けるようにしておきたいと考える。そのための一つの方法として、一年生でもこのような四こま漫画を活用したい。その場合、第一学年では、四こま漫画から登場人物がしたこと(行動)をイメージして書くように促していくことがポイントとなる。こうした点をふまえて、第一次は三こま漫画、第二次では四こま漫画を使って作文させた実践例を次に紹介する。(平成五年度山口大学教育学部附属光小学校一年二組の実践による。)

使用した漫画は、松田まさお・作「とんち君」(2)であり、第一次の三こま漫画は一こま目を消したもの、第二次の四こま漫画は吹き出しを消したものである。

1　第一次の漫画と作文例

○三こま漫画

○児童作文例

さかなつり　S子

①おとこのこは、さかなつりをしています。おとこのこは、どんなさかながつれるかたのしみでした。

②どんなのかたのしみです。つりざおをあげました。でも、つれたのは、ながぐつです。おとこのこは、がっかりしました。

③がっかりしていると、ながぐつがうごきました。おとこのこは、ながぐつをみました。すると、さかながたくさんはいっていました。おとこのこは、うれしくてたまりませんでした。

2　第二次の漫画と作文例

○四こま漫画

○児童作文例

ぬけない　　S子

①おとこのこが、ゆびをビールビンに、つっこみました。おとこのこは、ゆびをぬこうとしました。でも、ちからいっぱいやっても、ぬけませんでした。おとこのこは、ぬけなかったらどうしようとおもいました。
②おとこのこはとてもしんぱいです。おとこのこは、ちからいっぱいやったので、たなのところにおしりをつけていました。おとこのこは、はやくぬけてほしいとおもいました。
③そのうち、ちからいっぱいやっているとビンからゆびがぬけました。おとこのこはやっとぬけてうれしいなあとおもいました。でもちょっとところがりました。
④やっとぬけたのに、こんどはかさたてにはいってしまいました。おとこのこは、いやになってきてついなみだがでてしまいました。かえってきたおかあさんは、びっくりしてしまいました。

こうした一年と二年の四こま漫画を使った作文の実践をもとにすると、低学年における四こま漫画による作文の指導事項は次のようになる。

【四こま漫画による作文の指導事項（低学年）】

○　一年　行動を中心に書く。
・四こま漫画から登場人物がしたことをイメージして書く。

○　二年　行動や会話を中心に書く。
　・四こまの漫画から登場人物がしたことや話したことをイメージして書く。

一年では、四こま漫画における登場人物の行動の面白さを子どもたちに味わわせることで、漫画を楽しませながら、登場人物の行動のイメージ化を促していくことがポイントとなる。

二年では、登場人物の行動の面白さに加えて、会話のやり取りの面白さを味わわせながら、登場人物の行動や会話のイメージ化を促していくことがポイントとなる。こうした行動や会話のイメージ化を促す手だてとして、今回の実践においては、口頭作文（話す・聞く）が、有効であったといえる。

三　クラスメートおもしろ事典をつくろう（四年）

(一)　授業づくりについて

子どもたちは、作文となるとどちらかというと、逃げ腰になる。そこで、子どもたちが楽しんで取り組む作文の授業を実践してみることにした。

子どもたちにとって、楽しさと書き上げた喜びが味わえる作文活動にするために、クラスの思い出などを他者の視点に立って書く「変身作文」の形式を取ることで楽しさを引き出し、「クラスメートおもしろ事典」（学級文集）をつくることにした。そして、事典の構成を次のようにして、活動を展開することにした。

第一部　クラスメート紹介：本人が友達や、兄弟姉妹、両親などに変身して、自分のことを紹介する（紹介文）。
第二部　担任の先生を語る：クラスメート二人（クラスメートに変身）が、尾川先生について語り合う様子を脚本形式で書く。
第三部　思い出：教室のテレビや黒板などに変身して、四年一組の思い出を書く（報告文）。
第四部　二十年後のクラス会：未来へタイムトラベルして、二十年後、三十歳になっているクラスメートが、クラス会を開いている様子を、レポーターに変身して報告する（報告文）。

(二)　単元の目標

・自分のことや仲間との思い出を他者の視点に立って表現していくことの楽しさを味わうことができる。
・書く必要のある事柄の順序や軽重を考え、整理してから書くことができる。

(三)　単元計画（全十五時間）

第一次　学習計画を立てよう（一時間）
第二次　第一部・クラスメートを紹介しよう（六時間）
第三次　第二部～第四部の課題を選択して書こう（七時間）
①課題別グループ毎に取材しよう

②二十年後のクラス会を劇にしよう
③文章化しよう
第四次　面白さを見つけよう（一時間）

(四) 授業の実際

1 学習計画を立てる（第一次）

まず、「クラスメートおもしろ事典」の構成を子どもたちに提示して、ヒント文例（①〜④）を読んで聞かせることにした。そして、これらを教室に掲示した。こうすることによって、おもしろ事典の大まかな達成（完成）イメージを持たせることができ、また、ヒント文例は、実際に子どもたちが書くときの参考にもなると考えたからである。

ヒント文例は、次のとおりである。

○ヒント文例①（クラスメート紹介）

みなさん、こんにちは。わたしは、わが子由美の母の公子です。今日は、由美のことを色々しょう介するので聞いて下さいね。

まず、名前の由来をしょう介しようと思います。……

そして、こういうふうに名づけた由美の今の長所といいますと、……

次に、由美の性格、しゅ味、特技、くせ、まだまだしょう介します。

……

それから、由美のすきなスポーツといえば、……

また、しょう来のしょく業は、……

あっ、そうそう、とっておきの、おもしろいうら話があるんです。

……

これでしょう介を終わりますが、みなさん、由美のこと、色々わかってくれましたか？　これからも、こんな由美をよろしくおねがいします。ではみなさん、さようなら。

○ヒント文例②（担任の先生を語る）

Ａ君　これで、国語の授業を終わります。気を付け、礼。

みんな　ありがとうございました。（みんな、早く遊ぼうと急いで外へ出て行く。）

Ｂ君　（廊下を歩きながら、）今日の「一つの花」の勉強どうだった？

Ｃ君　（立ち止まって、）尾川先生、「一つの花」になると、熱が入るんだよね。……

・・・　……

・・・　……

Ｂ君　あっ、授業が始まるころだ。

Ｃ君　席についてないと、こないだみたいにかみなりが落ちるといけないから、早くいこう。

Ｂ君　うん。そうだね。続きは次の休み時間にね。じゃあ、後で。（二人は、教室に入って行く。）

○ヒント文例③（思い出）

私は、附属小学校の運動場にある時計です。私は、子どもが大好きです。だから、休み時間に早くみんなが運動場に出て来てくれないかと、いつも思っています。あっ、子どもたちが出て来たぞ。今日は、どんな遊びを見せてくれるかな。

……

……

あれっ、休み時間は、もう終わりです。子どもたちは、教室に帰って行きました。子どもたちが、また出て来るまで、一休みするか。ではまた。

○ヒント文例④（二十年後のクラス会）

みなさん、こんにちは、今日は、平成二十七年○月○日、ちょうどお昼の十二時です。そうです。私は、タイムマシーンで未来へやって来ています。私は今、徳山の○○ホテルのロビーに立っています。ここで、今日は、四年一組のクラス会があります。今から会場に行ってクラス会の様子をレポートしようと思います。

あっ、ここが会場ですね。では、ドアを開けて中に入ってみましょう。……

……

……

あっ、いけない。そろそろ、タイムマシーンのタイマーが切れるころです。それでは、これで、クラス会のレポートを終わります。では、みなさん、さようなら。

それでは、現在へ、タイームー、スリップ！

2　クラスメートを紹介する（第二次）

子どもたちは、父母、兄弟、姉妹、友達に変身して、自分のことを紹介していった。次に紹介する作文は、母親から聞いたであろう自分のエピソードを母親に変身して書いたものである。

○児童作文例①（クラスメート紹介）

I子

（略）あっ、そうそう、とっておきのうら話があるんですよ。聞きたいですか？　じゃあ、（略）三つ目は、四才のころのことです。わたしとしゅじんとI子といっしょに、ベストエブリにかいものに行くと、I子がまいごになってしまって、私としゅじんは、さがしたんですけど、いなかったのです。ところで、I子がどこに行ったのかといいますと、ベストエブリから光のスイミングセンターまで歩いていたんですよ。そのころ、ゆうかいじけんがはやっていたので、私は、しんぱいし、おまわりさんもよびました。しゅじんは、車にのり、いろいろさがしたら、スイミングセンターのところで、コスモスをつんでいたんです。しゅじんが、「なにをしていたんかね。」と聞くと、I子が「コスモス、お母さんにあげようと思ってたの。」と言っていたんです。ほんとにあの子は、おちゃめな女の子でした。（略）

3　課題別に作文を書く（第三次）

事典の第二部から第四部の作文は、子どもたちの思い出の内容や興味等の特性に即することができるように課題を選択させて、作文させることにした。子どもたちにとっては、自分に合った作文が書けるので、楽しさにつながると考えたからである。そして、この課題別作文の取材活動において、子どもたちが取材カードをもう少し増やしたいと思っている段階を見計らって、即興劇「二十年後のクラス会」を演じさせることにした。こうすることによって、子どもたちは、未来を想像することの楽しさを味わいながら、さらなる取材活動を自然に行なっていくと考えたのである。即興劇は、次のように設定した。

【場の設定】

＊立食パーティー：教室の中央に円形のテーブルを置いて、そこで劇を演じる。フロアー（聞き手）は、それを取り囲むように座る。

次に、思い出に花を咲かせた場面の会話の一部を紹介する。

N子　そう言えば、二十年前、附小祭でさあ、四の一大恐竜展があったよね。
U男　うん。
M子　楽しかったよね。あれ。
F子　準備が大変だったよねえ。
N子　うん。あの時、年表、すごい苦労したんだよ。
U男　ふうん。
F子　廊下で恐竜かいてたもんねえ。
N子　お昼休みもつぶしてやってたんよ。
U男　俺は、あの時、新聞かなんか、本とかを調べて書いた。
M子　私は、ぬり絵、したよね。ね。
F子　そうだったね。恐竜のぬり絵かくの、結構、苦労したんだよね。

話が停滞すると、フロアーからの話題提供を次のように促していった。

T　はい。ストップ。こんな思い出をしゃべってほしい、そういうことを言ってあげて下さい。
C　はい。駅伝のこと。
C　はい。長縄大会のこと。
C　二学期の分でもいいですか。
T　もちろんいいよ。
C　社会見学。

このように、フロアーから、話題が提供されると、劇を再開した。

この後、子どもたちは、取材カードを増やしていったのである。フロアーで聞いていたT男は、四の一大恐竜展の思い出に関することを取材カードに付け加えて、それを次のように書いている。

○児童作文例②（思い出）

四年一組の思い出話　　T男

みなさん、こんにちは。私は四年一組の教室にかかっている時計です。いつも上から、四年一組のみんなを見下ろしています。（略）
次に、大恐竜展のことをお話しします。（略）附小祭が近づいているので、熱が入るようになってきました。教室の後ろに恐竜の絵がはられたり、私の横には大きな恐竜の年表がはられました。そして、附小祭の前の日、ついに、

大恐竜展が完成しました。みんな、くちぐちに、

「やったー。できたー。」

「ふー。やっと終わった。」

と、さけんでいます。私には、まるで、この教室が、恐竜の住んでいる時代にタイムスリップしたように見えました。

そして、次の日、（略）

また、即興劇「二十年後のクラス会」で、クラスメート代表としてスピーチしたU子は、そのスピーチを作文に取り入れて、次のように書いている。

○児童作文例③（二十年後のクラス会）

二十年後のクラス会にタイムスリップ！

U子

（略）あっ、今、みなさんからのスピーチがはじまったところです。うーん、今からスピーチをやる方は、どこかで見おぼえがある顔です。あっ、わかった、わかった。今からスピーチをやる方は、な、なんと、私だったのです。せっかくだから自分のスピーチを聞いておきましょう。

「みなさん、おひさしぶりですね。（略）もう私たちも、三十だし、けっこんしている人も少なくはないでしょう。そういえば、子どもづれの人もいましたね。これからも、しあわせにくらして、これからも、友だちでいて下さい。尾川先生は、いつまでも、私たちの先生でいてほしいですね。これで、私のスピーチを終わります。」

やっぱり、三十ぐらいになると、大人らしくなりますね。それでは、自分や友だち、先生のすがたをお伝えします。まず、自分のすがたはですねー。もうおばさんっていう、ふんいきですね。でも、声や顔はぜんぜんかわっていません。先生は、耳がとおくなりすぎて、あたまは、白がまじりになっていました。友だちの方は、どうかというと、（略）

(五) まとめ

子どもたちは、したことをただ思い出して書くよりも、その中に想像の余地があればあるほど、楽しんで書けるのではないか。もっといえば、子どもたちは、書くことを通して、新しいイメージの世界がひらけていくとき、がぜん楽しくなるのである。今回の実践は、視点を自己から移動して、他者の視点に立って書くことで、イメージの世界がひらけていったといえよう。その最たるものが「二十年後のクラス会」であった。本実践を通して、豊かな想像を支えている「視点を移動してイメージする力」を育むことができたと思われる。

【付記】本稿は、山口大学附属光小四年一組を対象に、平成七年二月に実践したことをもとにしている。

四　ハーブティーのパンフレットをつくろう（二年）

(一) 授業づくりについて

子どもが書くことに抵抗を感じないで、生き生きと表現していくためには、次の二つの要件を満たすことが肝要となる。

> ①書きたくなる思いを膨らませる。（表現内容の醸成と目的・相手意識の高揚）
> ②書き方を分からせる。（完成イメージの把握と技能の自覚）

したがって、これら二つを視点にして、授業を構想していくことにした。

1　書きたくなる思いを膨らませるために

視点①の表現内容を醸成し、目的・相手意識を高めていくために、生活科と作文活動とを関連させ、書くことの必然性を醸成する場づくりを工夫することにした。

(1)　表現内容の醸成（生活科と作文活動との関連）

作文活動に入る前に、生活科では、次のような学習を展開した。

○単元Ａ「ハーブを育てよう」
○単元Ｂ「ハーブの喫茶店を開こう」
・自分たちでハーブティーをつくって飲む。
・喫茶店を開いて保護者を招待する。

こうすることによって、ハーブティーをつくって飲む体験の場が生活科で設定され、ハーブティーのパンフレットをつくる土壌（書く内容）は、醸成されていったのである。

(2)　目的・相手意識の高揚（パンフレットが生きる場づくり）

そして、クラスでは、生活科で、参観日に保護者を招待して、ハーブティーの喫茶店を出すことになった。店づくりの計画を立てる際、「お客さんにハーブティーのつくり方のパンフレットを渡す」ことを子どもたちに投げかけた。こうすることによって、子どもたちは、お客さん（相手）にハーブティーのつくり方を知らせるために書くこと（目的）を意識することで、パンフレットをつくる必要感にかられ、パンフレットづくりに意欲を燃やしていくであろうと考えたからである。

2　書き方を分からせるために

(1)　完成イメージの把握

おおよその完成イメージを把握させるために、子どもたちに作文用紙を渡して、「絵日記のように一枚の用紙の上に絵、下に文をかいて、それを三、四枚ぐらいかいてみよう。」と説明することにした。

(2)　技能の自覚

下書き段階での作文の表現内容、方法のよさを子どもに自覚させ、クラスに広めていくために、児童作品の学習材化を図り、作品を紹介することにした。したがって、まず下書きをさせて、その中から、一つの作品を選んで、子どもたちに示し、それを読み合いながら、自分の作文をよりよくしていくヒント（よい所、直すともっとよくなる所）を見つけさせるようにした。そして、書き直す観点を明確にさせて、清書させることにした。

(二)　単元の目標

目標を焦点化して、つなぎ言葉の使い方に絞ることにした。つなぎ言葉（接続語）に着目させることで、順序や論理展開に気付いていくであろうと考えたのである。

○生活科でつくったハーブティーの製作過程にしたがって、つくり方や手順、そのときの様子などを書くことができる。
○接続語の使い方に注意して作文を書くことができる。

㈢　単元計画（全五時間）

第一次　試しに書いてみよう。（二時間）
第二次　友達のよさを見つけてヒントにしよう。（一時間）
第三次　もっとよいパンフレットに仕上げよう。（二時間）

㈣　授業の実際

1　児童作品の学習材化

子どもたちの下書きの作品の中から、次のY男の作品を紹介し、読み合って、よさを話し合っていった。

> アップルミントティーの作り方　　　　　　　　Y男
> 用意するもの、アップルミントをうえて、えだについているハッパ五まい、きゅうす（一つ）、さとう（コーヒーに出す物）、おゆ、スプーン（一つ）、コップ（一こ）、以上で作れます。
> はじめに、きゅうすの中にアップルミントのはっぱ（五まい）を入れます。
> そのつぎに、やかんのおゆをきゅうすの中に入れます。三分まってください。
> そして、きゅうすをちょっとゆらしてコップの中に入れます。その後、さとうを入れます。そうしたら、アップルミントティーのできあがりです。

2　児童作品の変容

(1)　A子の場合

下書き段階で、つなぎ言葉は使用していたが、材料の用意を書いていなかったA子は、清書では、次のように、材料を付け加えている。

カモマイルティーの作り方

A子

はじめに、ざいりょうをよういします。ざいりょうは、カモマイル、きゅうす、コップ、スプーン、さとう、おゆです。これで、カモマイルティーのじゅんびができました。

つぎに、きゅうすに、カモマイルをいれます。カモマイルは、スプーンにはいるぐらいのりょうです。

それから、きゅうすに、おゆをいれて、すこしまちます。

そして、それをコップにいれます。さとうは、2こいれたらおいしいです。さいごに、スプーンで、5、6かいまぜたら、カモマイルティーのできあがりです。

(2)　Y男の場合

下書きの作品をみんなに紹介してもらったY男は、教科書（光村二年下）に掲載されている作品（「ぶんぶんごま」）を参考にして、清書では、次のように、つなぎ言葉を、より適切に使用している。

アップルミントティーの作り方

Y男

はじめに、ざいりょうと道具を用意します。

ざいりょうは、アップルミントのはっぱ五まい、さとう（小さじ半分）、おゆ。

道具は、スプーン、コップ、きゅうす。

以上で、アップルミントティーが作れます。

つぎに、アップルミントのはっぱ、五まいを、水できれいに洗って、きゅうすの中に入れます。

それから、やかんのおゆをきゅうすの中に入れます。三分～五分まって、はっぱが茶色くなったのをかくにんしてください。

さいごに、きゅうすをちょっとゆらしてコップの中に入れます。

その後、さとうを入れます。（小さじ半分）そうしたら、アップルミントティーのできあがりです。

(3)　F子の場合

進歩の著しい典型例として、F子の作品を紹介する。

下書き段階では、材料の準備も書かず、つなぎ言葉も使用していなかったF子は、図5のようにパンフレットを完成させている。

3　相手にパンフレットを渡したときの子どもの姿

保護者（お客）を招待してのハーブティーの喫茶店で、出来上がったパンフレットを渡したわけであるが、そのとき、次のような子どもたちの姿を見取ることができた。

○ハーブティーのつくり方をお客さんに聞かれて、「これを読んでください。」と言って、パンフレットをお客さんに渡している子。

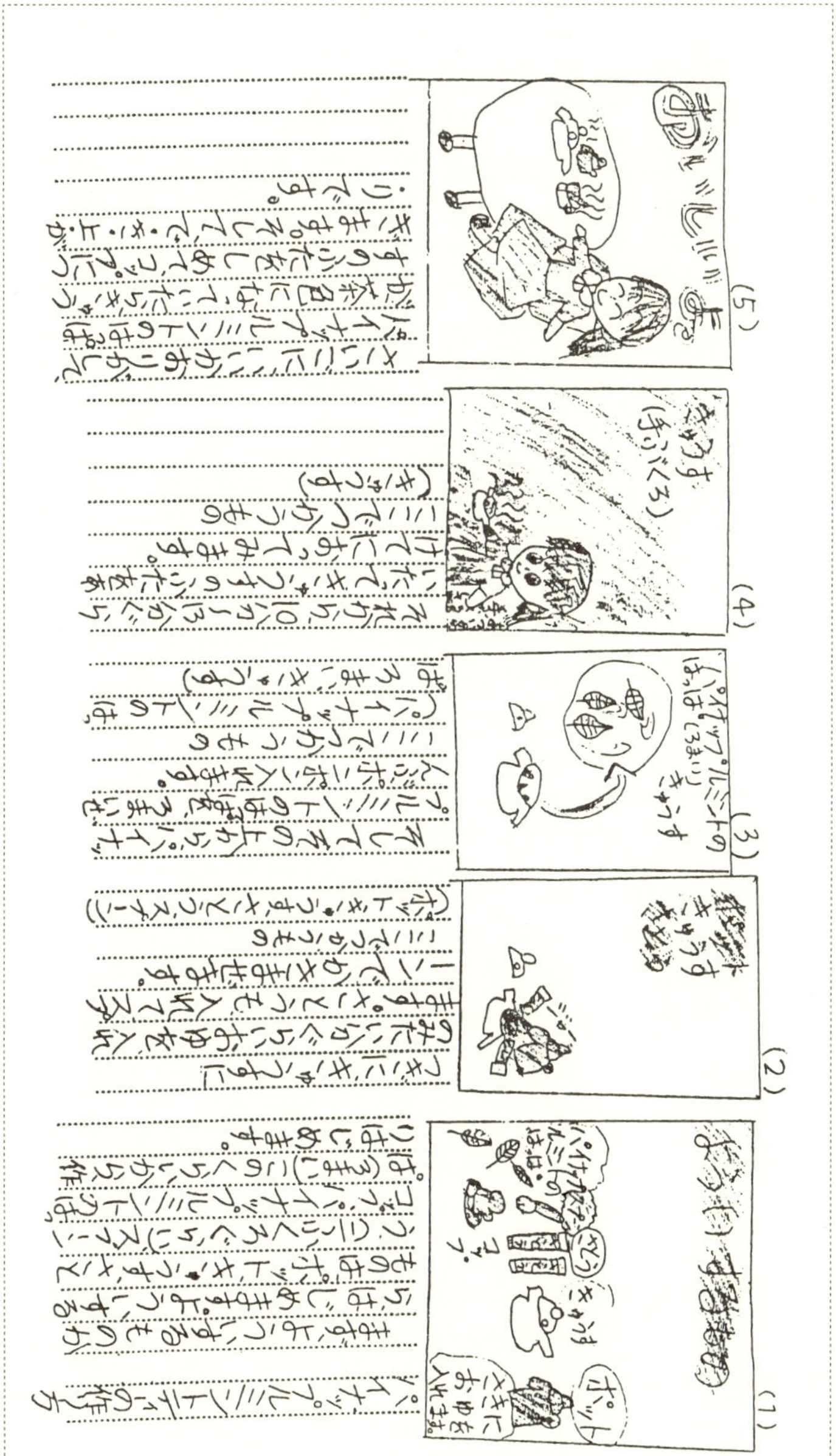

図5　F子のパンフレット

○お客さんにつくり方を聞かれて、パンフレットを使って説明している子。
○お客さんがパンフレットを読みながら、うなずいている姿を見て、満足そうな顔をしている子。

子どもたちは、完成したパンフレットを通して、伝えたい相手（保護者）とコミュニケーションを図ることによって、充実感・達成感を味わったといえよう。

このような伝えたい相手との直接的な対話活動は、目的の達成感を味わわせていくために、今後重要視していくべきものと考える。

(五)　まとめ

作文指導では、子どもに、書きたい思い・伝えたい思いをいかに膨らませていくかを何よりも大切にしていかなければならない。この表現内容の醸成に伴って表現へのエネルギー（表現意欲）が高まっていくのである。

本実践では、作文を生活科と関連させることで、子どもの思いを膨らませた。そして、仕上げた作文は、実際に活用することで、子どもたちに書くことの目的意識・相手意識を自覚させ、このことが、さらに表現意欲を高めていく結果となったといえよう。

このように、何を書くか（内容）、何のために書くか（目的）が子どもの内面に醸成されていく道筋が単元の流れに設定されていることが重要である。

次に、表現方法の自覚化であるが、これは、児童作品の紹介活動や仲間との対話の場（話すこと）の設定が重要となってくる。

最後に、今回の実践をもとにして、書くことの必然性を醸成する作文の授業づくりの視点を、次のように提案したい。

1　表現内容醸成のための活動
～何のために（目的）何を書くか（内容）が分かる～
○書きたい思い（内容）を高める活動
・他教科、特活、総合的な学習の時間との関連
○目的・相手意識の自覚化を図る活動
・人や生活と関わる実の場の設定
・目的の達成感が味わえる活動
（伝えたい相手との直接的・間接的対話活動）

2　表現方法（技能）の自覚を促す活動
～どのように書けばよいか（技能）に気付く～
○児童作品の紹介活動（児童作品の学習材化）
・表現内容、方法のよさを子どもに返して自覚させる。
○相互評価のための対話活動（内容の醸成にも作用する。）
・対話の形態（ペア・グループ等）の工夫
○振り返りの活動（自己評価）
・子ども自身の分かり（気付き）を自覚させる。

【付記】本稿は、筆者が担任した山口大学教育学部附属光小学校二年一組を対象に、平成七年十一月に実践したことをもとにしている。

注

（1）植田まさし著「コボちゃん」（蒼鷹社）
（2）松田まさお著「とんち君」（芳文社）

第二節　音声表現力を育む

一　音読力を育む

㈠　音読劇で読みを活性化する【「力太郎」(二年)】

1　授業づくりについて

低学年の子どもたちは、リズミカルな表現に出会うと、元気よく音読することで、表現を楽しんだり登場人物に同化して内容をイメージしたりしていく。そこで、本単元では、語り口としての方言を生かし、昔話らしい言い方、様子を表す的確で面白い言い方(擬態語)を随所に盛り込んでいる「力太郎」を取り上げ、音読を楽しませながら、登場人物の様子や心情をイメージする力に培うことにした。ここでは、子どもたちが主体的に民話を読む楽しさを味わいながら、「読む(音読)・話す」が総合的に体験できるように、音読劇づくりを表現活動の中核に位置づけた。

ここで、「音読劇」とは、本文と子どもたち自身が即興的に付け加えた会話を役割を決めて音読していくものをいうことにする。したがって、音読劇づくりは、音読づくりと即興劇による会話づくりから構成される。

子どもたちは、音読劇の完成に向けて、主体的に音読したり、即興的に会話をつくったりすることで、力太郎に対する思いを醸成していくであろう。

2　単元名　「『力太郎』の音読劇をしよう」（光村二年下）

3　単元の目標

・音読のしかたを工夫する活動を通して、音読することの楽しさを味わわせる。
・音読を通して、登場人物の様子や心情をイメージすることができるようにする。
・イメージした内容を再構成して、登場人物の会話として、即興的に音声で表現したり、文章化したりすることができるようにする。

4　単元計画（全十七時間）

単元は、次のように展開することにした。

○第一次　計画を立てよう（一時間）

> ○読み聞かせ　○初発の感想（口頭発表）　○学習計画（課題把握・場面分け）

○第二次　音読劇をつくろう（十四時間）

音読づくりと即興劇による会話づくりを交互に行なう。それは、まず音読づくりを通して登場人物の様子や心情のイメージ化を促し、子ども一人ひとりの力太郎の人物像を形成させていくためである。さらに、即興劇を通して、登場人物の会話を付け加えることによって、力太郎の様子や心情をより豊かにイメージさせていくためである。なお、即興劇終了後に、子ども一人ひとりにその脚本を書かせた（会話づくりA～E、表4「会話づくり一覧」参照）。

> ①場面（こんび太郎の誕生）の音読づくり

②場面（力太郎に変身）の音読づくり
＊即興劇と会話づくりＡ（「わかいしゅの会話」「じいさまとばあさまの会話」）
③場面（みどうっこ太郎との出会い）の音読づくり
＊即興劇と会話づくりＢ（「力太郎とみどうっこ太郎の会話」「たび人の会話」）
④場面（石こ太郎との出会い）の音読づくり
＊即興劇と会話づくりＣ（「たび人の会話」）
⑤場面（化け物退治を引き受ける力太郎）の音読づくり
⑥場面（化け物との戦い）の音読づくり
＊即興劇と会話づくりＤ（「町の人の会話」）
→【「授業の実際」で紹介】
⑦場面（感謝され、幸せに暮らす力太郎）の音読づくり
＊即興劇と会話づくりＥ（「力太郎・むすめ・じいさま・ばあさまの会話」）

○第三次　カセットに録音しよう（二時間）

○音読劇の練習　○録音と鑑賞

表4　会話づくり一覧（M子の場合）

会話づくりA

1　わかいしゅの会話

（K子どん）なあ、あいつ、おいらよりも、せいがたかいぜ。きょだいじんみたいだ。

（M子どん）なあ、みんな、あいつを村にきてもらうようにたのんだらどうだ。そうしたら村の田がぐんとみのりがようなるかもしれないぞ。

（R子どん）でもさ、はんたいに田がふみつぶされるかもしれんぞ。

2　じいさまとばあさまの会話

（ばあさま）力太郎、いいこにしてくれるかな。強い子になって帰ってくるかしら。

（じいさま）しんぱいしなくっても、力太郎なら、元気でがんばってかえってくるよ。きっと。

会話づくりB

1　力太郎とみどうっこ太郎の会話

（みどう）どうかいっしょにたびをさせてけれや。あなたさまの力には、まいりました。

（力太郎）いいとも、なかまがたくさんいれば、楽しいから。いっしょにたびをしよう。

（みどう）本当ですか。うれしいな。

（力太郎）おまえ、金ぼうもてるか？

（みどう）はい、もてるとも。おら、日本一の力もちだもん。

（力太郎）じゃあもってみろ。

（みどう）うむ、おもい。つぶれちまう。

（力太郎）おもいだろ。おまえが、日本一なら、おらは、せかい一の力もちだ。

2　たび人の会話

（K子どん）力太郎もみどうっこ太郎もすごい力だな。力太郎は、金ぼうをかるがるそうにもったり、やさしい心もあるし。

（N子どん）みどうっこ太郎は、一ばん高いまつの木のてっぺんで、こわかったんだけど、がまん強かったね。

（T子どん）それから、十人のわかいしゅがやっとこすっとこかついでとどけたのに、力太郎は、かるがるともっていたね。すごく強いし、やさしい心もあるね。

会話づくりC

○たび人の会話
（K子どん）力太郎ってなんであんなに強いんだろう。

（A子どん）石こ太郎も、みどうっこ太郎とおんなしぐらいの力をもってるんじゃないのかな。

（Y子どん）それから、首までうずまって、いたそうだったよね。

（T男どん）なんだかそれに、見ているだけでも、いたそうだったよね。

会話づくりD

○町の人の会話
（子ども）　わあ、こわいよ、あーんたすけてー。しくしく。

（おくさん）もう、だいじょうぶよ。とても強い人たちが、ばけものをたいじしてくださったから、もうだいじょうぶだよ。

（O男どん）そうだよ、むすこ。もうだいじょうぶだよ。

（子ども）　本当？

（C男どん）うん、そうさ。

（子ども）　やった、うれしいな。

会話づくりE

○力太郎・むすめ・じいさま・ばあさまの会話
（じいさま）人のやくには、たったかい。

（力太郎）　うん、とてもやくにたちました。ちょうど町の戸がぎっちりしめてあって、そのりゆうは、年に一ど、ばけものが町へやってきては、町の女を、一人ずつさろうて、きょうが、その町一番の長者どんの女の人の番でした。それで、おいらが、その女の人を、たすけました。

（ばあさま）それは、いいことをしたね。

（むすめ）　はい、たおした力太郎さんのお力は、とても、とても、おさむらいしゅうよりも、すごく強かったです。おかげさまで、ばけものにさらわれませんでした。

（じいさま）それよりも、さっきから、どうも力太郎のだいじな金ぼうがないぞ。金ぼうは、どこにあるのじゃ。

（力太郎）　じつは、ばけものと、たたかってたら、ばけものにおらのだいじな金ぼうを、あめみたいに、まげられてしまいました。

（じいさま）それは、かわいそうに。それで、ばけものは、どこにおるのじゃ。

（力太郎）　はい。おらが、たいじしました。

（ばあさま）どうやって。力太郎のだいじな金ぼうを、あめみたいにまげられたのに。そのばけもののじゃくてんは。

（力太郎）　それも、おらも、よくは、わかりませんけど、おなからへんを強くけったら、ばけものは、きえてしまいました。

（じいさま）それは、よかったのう。ほかに、人のやくにたったか。

（力太郎）　はい、おれいに、とても、おいしいまんまをごちそうしてくれました。おら、たべたとたん、とても、おいしかったので、こんなまんまもっともっとふやすべやといったので、おこめをふやすしごともしました。

（むすめ）　おかげで、村の田は、みのりがよくなりました。

（ばあさま）それは、ほんとうかい。

（力太郎）　はい、本当です。

（じいさま）それは、いいことたくさんしたね。

5　授業の実際

第二次での⑥場面（化け物との戦い）の音読づくりと即興劇・会話づくりDにおける授業の実際を次に述べることにする。（他の場面も展開のしかたは同様である。）

(1)　音読づくりでイメージ化を促す

子ども自らが音読を工夫していくように、次の点を重視した。

- 音読のしかたの工夫点を発表させることによって、人物の様子や心情のイメージ化を促し、子ども一人ひとりの読みを醸成させていく。
- 自分でめあてをつくって音読練習をさせることによって音読の高まりを実感させていく。

音読づくりの学習（一時間）は、次のような流れで行なった。

【第二次⑥場面（化け物との戦い）の音読づくり】

①本時の場面を音読する

各自で音読し、その後、指名読みをする。

②読みの工夫点をメモする（一人読み・書き出し）

音読ノート（ワークシート）に、工夫する本文を書き出して、工夫のしかたをメモする。

K子は、音読ノートに次のように本文を書き出して工夫点を書いた。

- **音読ノートの例（K子の場合）**

○（本文）「むすめはよういしとろうな。ぐはははは。」
（工夫）大きなこえで、いばったようによんだらいいと思います。
○（本文）「ようし、こんだあ、おらがあい手だぞ。」
（工夫）やるきまんまんに、よんだらいいと思います。
○（本文）ぼかぼかぼかっと、きえてしもうた。
（工夫）どんどん、ばけものが、きえていくんだから、さいしょのぼかは、大きくて、つぎのぼかは、中くらいで、さいごのぼかは、小さくよむといいと思います。

③音読の工夫点を発表する

子どもたちの発表を整理しながら板書したり、工夫点のずれ（本文とのずれ・子どもどうしのずれ）をもとに、本文に戻って工夫点を再考させたりする。子どもたちの発表と教師の働きかけの主なものを以下に述べてみる。

＊工夫点を付け加える

T　じゃあ、今日は、まずM男君からいこう。はい。
M男　むすめはよういしとろうな。ぐはははは。
T　はい。そこを一緒に読んでみて下さい。（と言って本文を板書する。）
全員　（斉読）　むすめはよういしとろうな。ぐはははは。
T　そこは、どう読むの？
M男　大きな声で、いばったように読んだらいいと思います。

T　大きな声でいばって読む。はい。付け加えは？　まずS子さんとT男君。
S子　偉そうに読みます。
T男　とても娘を欲しがっているように読みます。

このように、音読の工夫を付け加えていくことによって、化け物のイメージが膨らんでいくのである。

＊工夫点を明確にする

（化け物の会話「むすめはよういしとろうな。ぐはははは。」について）
K子　怖がるような声で読みます。
T①　誰が怖がるような声なの？
K子　みんなが怖がるような声です。
T②　みんなとは誰ですか？
C　町の人たち。
T③　町の人たちは、今何処にいるんかいねえ？
C　隠れ場所。
T④　隠れ場所って何処？
C　家。
C　家の中。
C　戸をぎっちり閉めて。
T⑤　どうして家の中にいるの？

C　化け物が怖いから。
T⑥　そうしたらK子さんの言った「怖がるような声で読む」というのは、どう読んだらいいの？
H子　はい。
T⑦　H子さん。
H子　町の人たちが聞いたら怖くなるような声で読む。
Y子　はい。
T⑧　Y子さん。
Y子　町の人が、化け物の声を聞いたら、体が震えるくらい怖そうに読んだらいいと思います。

このように、K子の「怖がるような声で読む」の発言に対してT①の発問を契機にして、町の人たちの居場所を考えさせていくことによって、町の人たちの気持ちまでもが膨らんでいくのである。そして、再度T⑥の発問で音読のしかたを考えさせることによって、Y子の「町の人が、化け物の声を聞いたら、体が震えるくらい怖そうに読んだらいい」という発言に表れたように、音読の工夫点が明確になったのである。

＊工夫点を吟味・修正する

T　では、他の所で。はい。B子さん。
B子　んぎゅっ、むう。
T　はい。そこ読んでごらん。
全員　（斉読）　んぎゅっ、むう。

T　はい。そこの所は？
B子　苦しそうに読めばいいと思います。
T　苦しそうに読む。
N子　なんか喉に詰まったように。（とつぶやく。）
T　喉に詰まったように。なるほど。
（略）
T　はい。G男君。
G男　大きい声で読んだらいいと思います。
T　ここも大きい声でいいの？
（子どもたちは「んぎゅっ、むう。」と音読しながら確かめようとしている。）
C　小さい声じゃないん。苦しんどったんじゃけえ。
C　苦しいけえ、小さいんじゃあないん。
T　どっちかねえ。みんな。
C　小さい声。
G男　苦しいから、ここは小さい声の方がいいと思います。
N子　喉に詰まったようにね。

「ここも大きい声でいいの？」という発問によって、子どもたちは、その箇所を自らが音読をしてみて、声の大きさを確かめた上で、「苦しんでいるのだから、小さい声」だと結論づけた。「大きい声で読んだらいい」と発言したG男も、みんなの意見に自らが納得して、工夫点を修正していったのである。

＊良い工夫に共感する

T　他の所で。はい、K子さん。
K子　ぼかぼかぼかっと、きえてしもうた。
T　はい。そこを読んで。
全員　（斉読）　ぼかぼかぼかっと、きえてしもうた。
T　そこの所は？
K子　化け物が消えていくんだから、
T　うん。
K子　最初の「ぼか」は大きくて、次の「ぼか」は中ぐらいで、最後の「ぼか」は、小さく読んだらいいと思います。
C　だんだん小さくなるんじゃ。
T　今の読み方の工夫はすばらしいよ。

K子の発言のように、音読のしかたの良い工夫は、教師自身が共感し、しっかりほめることによって、発表者の意欲を駆り立てるとともに、その工夫をクラス全体へと広めていくのである。

＊工夫を対比する

T①　他のところでない？　この辺（板書してない箇所を指さして）、先生、空けちょるんじゃけど。……D子さん。
D子　そんなら、とっ組み合いだあ。
T②　はい。そこ読んで。

全員　（斉読）そんなら、とっ組み合いだあ。
T③　はい。ここの所は？
D子　やる気まんまんの気分で読みます。
T④　それで、いいですか？
C　はい。
T⑤　ではねえ。「ようし、こんだあ、おらがあい手だぞ。」の所もやる気まんまんで読むって言ってくれたんだけど、同じでいいの？
C　（沈黙）
T　同じやる気まんまんで読むんでいいの？
C　（みんなしばらく考える。……沈黙）
T　あっ、O男君が頭を使ったぞ。はい。O男君。
O男　大事な金棒を曲げられたから、もっとやる気まんまんになった。
T　それでいいですか？
全員　はい。
T　なる程ね。では、どうして金棒を曲げられたら、もっとやる気になったの？
C　金棒を曲げられて悔しいから。
C　怒ったから、前よりやる気が強くなった。
D子　金棒は、化け物に曲げられて、無くなったから、金棒の力は借りられんから、力を百パーセントださんといけんから。
E子　金棒を飴みたいに曲げたので、今までの相手より強いことが分かったから、力を百パーセント出さないと勝てないと思ったから。

T　いいことに気がついたね。それじゃあ、ここの「そんなら、とっ組み合いだあ。」は、どんなに読んだらいいの？
C子　力を百パーセント出そうと思って読んだらいいと思います。

T⑤の発問によって、「ようし、こんだあ、おらがあい手だぞ。」と「そんなら、とっ組み合いだあ。」との読み方を対比して考えさせることによって、力太郎の気持ちの高まりを膨らませていったのである。

④めあてを一つに決めて練習する

音読の工夫点は、五ヵ所に整理され、板書上に位置づけた。五ヵ所の本文とその工夫点は、次のようである。

①「むすめはよういしとろうな。ぐはははは。」
○大きな声でいばったように　○えらそうに　○とてもむすめをほしがっているように
○町の人が体がふるえるくらいこわそうに
②「ようし、こんだあ、おらがあい手だぞ。」
○やる気まんまんで、元気よく、大きな声で　○かたきうちをするように　○自信たっぷりに
○声をだんだん高くして
③「そんなら、とっ組み合いだあ。」
○力を百パーセント出そうと思って
④「んぎゅっ、むう。」
○くるしそうに小さな声で　○のどにつまったように
⑤ぼかぼかぼかっと、きえてしもうた。

○大きく→中くらい→小さく

子どもたちに、短時間で音読の練習成果を実感させるために、これらの工夫点の中から、一ヵ所を選ばせて、集中的に練習させた。

⑤練習の成果を発表する

練習箇所ごとにグループができたので、そのグループごとに練習の成果を発表（音読）させた。そして、グループの代表者が本時の場面を音読して、それをみんなで味わうことでまとめとした。

(2)　即興劇でイメージを深める

音読づくりによる本文に即した確かな読みをもとにして、次は、即興劇によって、場面の広がりを創造的に読ませることにした。具体的には、教室の中央を舞台にし、その周辺を観客席にして教室を劇場にするのである。そして、場面を「化け物が消えた直後の力太郎たち」「力太郎たちと娘さん」「町の人たち」へと変えて演じさせることによって、イメージを広げることにした。

【⑥場面の即興劇・会話づくり】

①化け物が消えた直後の力太郎たちの会話

まずはじめに、力太郎、石こ太郎、みどうっこ太郎を演じさせることにした。

全員（斉読）　ぼかぼかぼかっと、きえてしもうた。

T男（力太郎）　はあ、疲れた。

K子（石こ太郎）　力太郎、有り難う。
T男　それほどでも、なかったかもしれないけど。
K子　それより化け物のお腹の中、気持ち悪かった。
S子（みどうっこ太郎）　それに飲み込まれたとき、ひやひやしたよ。
T男　おらも、ひやひやした。
S子　でも、化け物が消えて良かったね。
T男　うん。
K子　力太郎が、化け物を下から、ぐわんと蹴り上げなかったら、力太郎まで飲み込まれてしまってたよ。
T男　うん。お腹の中で蹴ってたら、どうなるかなあ。
K子　でも、すごい力だったね。化け物も。金棒を飴みたいに曲げてしまったんだから。

このように、劇をしている子どもたちが話をつないでいけばよいのであるが、話が停滞したときには、次のように教師が劇をしている人にインタビューをすることにした。インタビューが発問の働きをするわけである。

＊劇をしている人にインタビューする

T　ここでインタビューします。あのねえ。今度は、みどうっこ太郎と石こ太郎にインタビューしてみます。金棒がぐにゃぐにゃにされたとき、石こ太郎とみどうっこ太郎は、どこにいたの？

R子（石こ太郎）　化け物のお腹の中。
T　化け物のお腹の中ですか？
みんな　うん。

T　化け物のお腹の中にいたときに、どんなことを考えていました？
G子（みどうっこ太郎）　これじゃあ、もうだめかなあ。
R子　力太郎が助けてくれるだろう。
T　なるほど。
G子　うんちに、なっちゃうのかなあ。
みんな　わははは。（笑い）
R子　力太郎、助けてくれや。
T　それそれ、もう一ぺん。
R子　力太郎、助けてくれや。

このように、劇をしている人にインタビューすることによってイメージが膨らむ。また一方では、劇を見ている人（フロアー）にインタビューすることによってイメージが膨らんでいく場合もある。次がその例である。

＊劇を見ている人にインタビューする

T　ちょっとインタビューしてみます。自分の金棒を飴みたいに曲げられたとき、どんなことを思いました？
W男（力太郎）　ううん、むかつく。
T　みんなにも、インタビューするから、力太郎になって考えてみて。D子力太郎さん。金棒を飴みたいに曲げられたとき、どんなことを思った？
D子　めちゃくちゃ悔しかった。

C　俺も悔しい。
E子　悔しいわい。
T　S子力太郎さんは？
S子　おじいさんとおばあさんに買ってもらった金棒だから悔しい。
C　はい。はい。
T　ちょっとR男力太郎が言うから聞いてあげて。
R男　ぶちくそむかつく。
C　はい。はい。
A子　自分より力が強いから悔しかった。
T　自分より力が強いから悔しかった。なるほど。
C　はい。はい。
M子　S子さんに付け加え。
T　はい、付け加え。
M子　じいさまとばあさまに買ってもらって、やっと手に入れた金棒を飴みたいに曲げられて全然使えなくされたから、悔しい。
T　なるほど。

フロアーも劇を見ながらイメージを膨らませているのである。そこを捉えて、インタビューによって思いを表現させていくのである。

②力太郎たちと娘さんとの会話

次は、力太郎、みどうっこ太郎、石こ太郎、娘を演じさせた。場面は、子どもたちに問いかけながら設定した。

T　では、ここが、空びつと思って。では、娘さんの所へ会いに行きますよ。用意、スタート。
H男（力太郎）　姉ご、大丈夫かあ。
T　はい、そこで、娘さんを空びつから出してあげて。
H男　姉ご、ガラスとか、当たらんかったか。
Y子（娘）　当たりそうだったけど、ううん、ガラスが落ちた音はしていたけど、当たりはしなかったよ。
H男　うん。それは、大丈夫だったということか。
E男（みどうっこ太郎）　化け物、見えたか。
Y子　空びつの中に入っていたから、見えませんでした。
H男　そりゃあ当たり前じゃろう。
T男（石こ太郎）　おらたち、もう少しで死にそうだったんだぞう。
H男　おらもだ。
Y子　それで、化け物は、どうなったの？　逃げて行ったの？
T男・H男　消えちゃった。消えちゃった。
E男　お腹の方を蹴ったら、口から出てきた。
Y子　お腹の中から出てきたと言ったけど、誰かが化け物に食べられたんですか？
H男　この二人だあ。
……（沈黙）

T　はい。ストップ。あのねえ。娘さんは、力太郎たちに言いたいことがありゃあせん？
Y子　はい。
T　はい、どうぞ。
Y子　助けてくれて有り難うございます。

以上のように、この場面でも話が途切れた時には、インタビューによって話題を引き出すことにした。次の場面も同様にインタビューを取り入れたわけであるが、話が途切れた時に対応するためには、教師は、予め話題にしてほしいことを想定しておくことが必要である（本時案参照）。

本時案——第二次・12時分——

1、主　眼　町の人たちになって力太郎のことを話し合うことを通して、力太郎の戦いぶりや怪力を役立てたことに対する感想を音読劇の原稿として表現することができる。

2、準　備　ワークシート

3、学習の展開

前の学習	力太郎が化け物と戦う場面の音読のしかたを工夫した	
（過程）	学習活動・学習内容	教師のはからきかけ
見通す	1　本時の場面を工夫して音読し、登場人物の行動をたどる ・力太郎が化け物を退治した場面 ○「むすめはよういしとろうな。ぐはははは。」のところは、おそろしそうに読もう	T　工夫して読むところを発表しよう

見通す

○「ようし、こんだあ、おらがあい手だぞ。」のところは、やる気まんまんに読もう

○「んぎゅっ、むう。」のところは、苦しそうに読もう

2　力太郎が化け物を退治した後の登場人物の会話をつくる

高める・深める

〈コミュニケーション活性の場〉

(1)　力太郎たちの会話をつくる

〈力太郎〉

○手強い化け物だった

○みどうに石こ太郎が助かって良かった

○娘との約束を果たせた

〈みどうっこ太郎〉

〈石こ太郎〉

○やれやれ、助かった

○化け物をどうやって退治したの？

(内の目の世界)

(2)　力太郎たちを見ていた町の人たち・むすめの会話をつくる

〈町の人1〉←(外の目の世界)→〈町の人2〉

○お見事、力太郎

○すごい戦いぶりじゃったのう

○これで安心して、暮らせる

○娘を助けてくれて有り難う

〈町の人3〉↔〈町の人1〉

〈町の人3〉←○約束を果たした力太郎は頼もしい→〈むすめ〉

Ⓜ　どこをどのように工夫して音読しているかを見取る

T　化け物がみどうっこ太郎と石こ太郎を吐き出して消えた所から劇にしよう

Ⓜ　イメージ化が十分出来ている箇所、不十分な箇所を見取る

Ⓣ　力太郎たちにインタビューすることで話題を焦点化させる

T　力太郎たちを見守っていたのは誰か

T　町の人たちになって話そう

Ⓣ　力太郎たち、町の人たちと肩書を変えていくことで話題の移動を促す

表現する	3　本文に会話を付け加える ・化け物を退治した喜び・力太郎への感謝と安堵感 ・怪力を役立てた力太郎の生き方への共感・あこがれ	㋯　誰の会話をどのように表現しているかを見取る
後の学習	村人から感謝され、力太郎が幸せに暮らす場面の音読のしかたを工夫する	

③町の人たちの会話
（三人で演じる。）

C①　怖かった。
C②　でも、良かったね。
……（沈黙）
（ここで、話が途切れそうになったので、次のインタビューによって良かったことの具体へと話題を焦点化させていった。）

T　今「良かったね。」と言ったけど、何が良かったの？　言ってみて。

C②　化け物がぽかぽかぽかっと消えていったからよかったね。
C③　これで、町の田畑も荒らされないね。
C①　うん。これで、平和になったね。

こうして、子どもたちの読みの意識が町の人たちの思いに向かったところで、町の人たちの思い（会話）を子ども一人ひとりに脚本形式で書かせた。B男は次のように書いている。

町の人の会話　B男

T男どん　あのばけものすごくでかかったなあ。
子ども　はらへったあ。
おくさん　きえてよかったね。これで平和になったね。
T男どん　あのいのなかに入ったみどうっこ太郎と石こ太郎どうやって出てきたんだろう。
子ども　あのばけものこわかったな。
おくさん　もう町の田畑をあらされないでいいね。
T男どん　うちのむすめもつれていかれないですむよ。
子ども　よかったあ。

B男は、化け物のすごさ・こわさ、化け物が退治されての安堵感を実感的に表現している。B男は、本時の即興劇は演じていないが、フロアーとして劇を視聴することによって、イメージを具体化していったことがうかがえる。

以上のような会話づくり（脚本）は、次に述べる第三次の音読劇の本番に活用されるわけである。

こうした即興劇・会話づくりは、次の場面の会話づくりに生きていくのである。本場面（⑥場面）では、特に、町の人たちの即興劇・会話づくりを通して、町の人たちの気持ちをイメージすることができた。そのことによって、次の場面（⑦場面）の、例えば、「こわごわようすを見ていた町のものも、大よろこびで、かくれ場所から出てきた。長者がすすみ出て、『おかげさまで、むすめも、おらたちみんなも、大だすかりですじゃ。おれいには、何がよいじゃろうか。』」などにおける町の人たちの気持ちが読み取り易くなり、音読づくりが活性化していったのである。

(3) 音読劇で学習成果を実感する（第三次）

音読と即興劇について、場面毎に役割を子どもたちと相談して、クラス全員に割り当てた。そして、場面別グループごとに最終の練習をして発表会を開いた。そして、それをカセットテープに録音して鑑賞したわけであるが、テープを聞くことは自己評価につながったと考えられる。

今回は、これで単元は終了としたが、テープを持ち帰って家族の人に聞いてもらったり、校内放送に流してもらったりしてクラスの表現を教室の外に発信することも考えられよう。学習成果を実感する場を工夫していきたいものである。

6　音読づくりと会話づくりの相乗効果

今回、音読づくりと会話（即興劇）づくりを一セットにして、実践したわけであるが、その有効性については、次のようにまとめられる。

○音読づくりによって、その場面の様子や登場人物の心情のイメージ化が進んでいく。
○会話（即興劇）づくりで登場人物に同化し、徐々に人物に心を通わせていくことによって、心情のイメージ化を活性化させ、音読も高まっていく。
○会話（即興劇）づくりの過程で、対話力が培われていく。

音読づくりと会話づくりが相乗的に作用して、場面や登場人物のイメージが形成されていくと考えられよう。そして、そこに働くのが、音読力と想像力、及び対話力である（一五八頁、図7参照）。

【付記】本稿は、筆者が担任した山口大学教育学部附属光小学校二年一組三七名（男子一六、女子二一）を対象に、一九九六（平成八）年二月に実践したことをもとにしている。

(二) 音読と吹き出しを授業の中核にすえる【「アナトール、工場へ行く」(四年)】

1　教材の特性と授業づくり

本教材は、ねずみであるアナトールの賢さと自立が、会話や擬声語・擬態語、リズミカルな表現等を駆使して述べられており、音読を楽しみながら、内容を読み深めていくのに適した教材であるといえる。

そこで、音読づくりを通して、アナトールをはじめとした登場人物の様子や気持ちをイメージし、それが聞き手にもよく伝わるように音読できるようにさせたいと考えた。

単元を構想するに際しては、音読そのものの力に培うとともに、音読づくりが内容の読み深めにもなり、読み深めがまた、音読にはねかえっていくような仕組みにしたいと考えた。

その際、本教材は、登場人物であるアナトールとガストンが対比的に描かれており、それぞれの会話文を音読することによって、対比がクローズアップされていくと考えられる。また、人間の世界とねずみの世界も対比的に描かれている。ここに目をつけさせるためには、人間たちの会話を聞いているねずみ（アナトール）の気持ちをふくらませる必要がある。したがって、この場合は、音読に加えて、吹き出しが有効に働くと考えられるのである。

2　音読と吹き出しを「音読劇」で関連的に統合する

音読に必然性を持たせることと、創造的な表現をさせるために、中心的な言語活動として「音読劇」を単元に位置づけることにした。ここで、「音読劇」とは、本文とそれに子どもたち自身が付け加えた心内語（吹き出し）を、グループで配役を決めて音読していくものをいうことにする。

子どもたちは音読劇の上演という目標に向かって意欲的に音読づくりや吹き出しづくりをしていくであろう。また、教師の方で、「〜はなぜか」とか「この時の〜の気持ちは」と発問しなくても、音読づくりや吹き出しづくりを通して、子どもたちは、主体的に登場人物の様子や気持ちを読み取っていくであろうと考えたからである。

3　単元名　「音読劇をしよう」（「アナトール、工場へ行く」光村四年上）

4　単元の目標

・会話や心内語を音読する活動を通して、登場人物になりきる楽しさを味わわせる。

・登場人物の様子や気持ちが聞き手にもよく伝わるように、人物の様子や気持ちに応じた音量や速さで音読することができるようにする。

・登場人物の心内語を想像し、それを音声で表現することができるようにする。

5　単元計画（全十四時間）

第一次　全文を読んで感想を持ったり学習計画を立てたりする。（三時間）

第二次　場面ごとの登場人物の様子や気持ちに即した音読づくりや吹き出しづくりをする。（九時間）

第三時　音読劇の発表会をする。（二時間）

6　授業の実際

(1)　音読づくりと吹き出しづくり

音読と吹き出しづくりの指導に当たっての留意点として、次のことを考えた。

○音読記号を使わないで、言葉で音読の工夫点を書き込ませる。（一時間に一枚のワークシートを使用する。）
○子ども自らが音読の目当てをつくり、練習していくようにする。
○吹き出しづくりは、自由席（吹き出しを書き込む箇所を子どもに任せる所）と指定席（教師が指定する所）を場面に応じて使い分ける。

特に、音読記号を使わず、言葉で音読の工夫点を書き込ませるようにしたのは、登場人物の様子や気持ちに接近した工夫ができると考えたからである。

また、吹き出しを書く箇所については、最初の段階は、書く箇所を教師が指示してやり、徐々に子ども自身が、吹き出しが書ける箇所を見つけていけるようにする。

(2) 授業の流れ（一時間分）

「ある晩、アナトールが人間の会話を聞いて驚く場面」を例にして、H子の学習ぶりを追いかけながら、授業の流れを説明してみることにする。

①本時の場面を確かめ音読する
②音読づくりをする
ア　音読の工夫点を書き込み、発表する
・H子は、ここで、図6のように、七ヵ所（会話文・五、地の文・二）サイドラインを引いて、工夫点を書き込み、「ねずみってやつは、どろぼうとおんなじさ。」のところは、「ばかにしているように、大声で読む」と発表している。

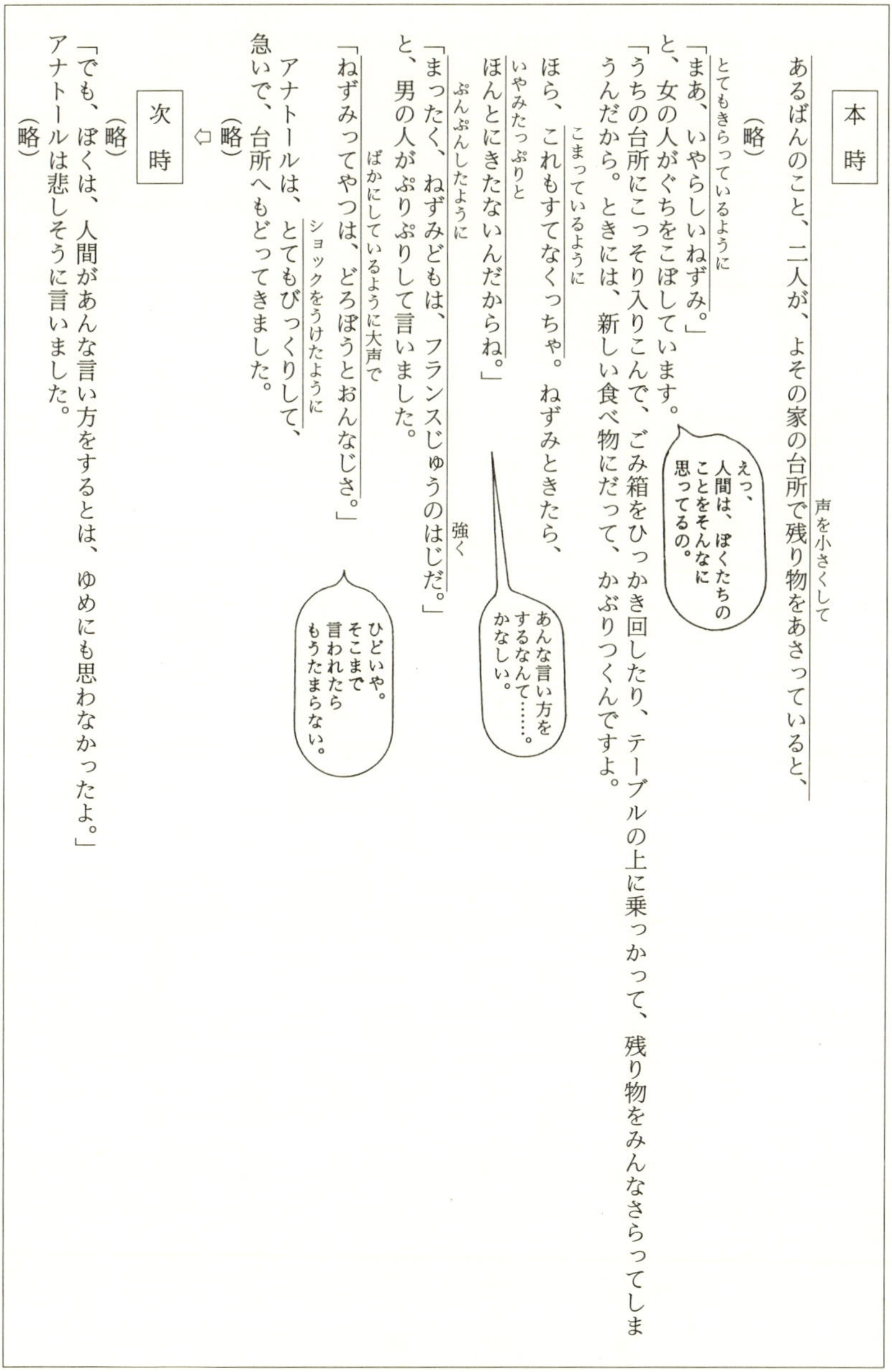

本時
あるばんのこと、二人が、よその家の台所で残り物をあさっていると、
声を小さくして
（略）
「まあ、いやらしいねずみ。」
とてもきらっているように
と、女の人がぐちをこぼしています。
えっ、人間は、ぼくたちのことをそんなに思ってるの。

「うちの台所にこっそり入りこんで、ごみ箱をひっかき回したり、テーブルの上に乗っかって、残り物をみんなさらってしまうんだから。ときには、新しい食べ物にだって、かぶりつくんですよ。
ほら、これもすてなくっちゃ。ねずみときたら、
こまっているように
ほんとにきたないんだからね。」
いやみたっぷりと

「まったく、ねずみどもは、フランスじゅうのはじだ。」
ぷんぷんしたように
強く
と、男の人がぷりぷりして言いました。
「ねずみってやつは、どろぼうとおんなじさ。」

アナトールは、とてもびっくりして、
ショックをうけたように
急いで、台所へもどってきました。
（略）
⇩
次時
（略）
「でも、ぼくは、人間があんな言い方をするとは、ゆめにも思わなかったよ。」
アナトールは悲しそうに言いました。
（略）

図６　Ｈ子のワークシート

イ　音読練習と発表をする

発表されたものの中から、自分で練習したい箇所を選び音読練習をする。そして、数人が練習の成果を発表する（順番制）。

・Ｈ子は、ここで、「ねずみってやつは、どろぼうとおんなじさ。」を音読練習して発表している。

ウ　アナトールの心内語を書き込む

「ソファーの下で人間の会話を聞いているアナトールの心の中のおしゃべりを書こう。」と指示する。

・Ｈ子は、ここでは、図６のように、三ヵ所、吹き出しを書いている。

③音読劇をする

四人グループが、アナトール役、女の人役、男の人役、語り手役を役割分担して音読する。そして、幾つかのグループが発表する（順番制）。

・ここで、Ｈ子のグループも発表し、Ｈ子は、アナトール役になり、「ねずみってやつは、どろぼうとおんなじさ。」を、先ほど一人で発表した時よりも強い口調で音読したのである。

(3)　音読・吹き出しづくりのプロセス

ここで、Ｈ子の学習ぶりから、音読・吹き出しづくりのプロセスを分析してみたい。

まず、着目したいのは、「ねずみってやつは、どろぼうとおんなじさ。」を、「ばかにしているように大声で」読むように書き込み、練習していったことである。そして、そうしたばかにした読み方ができていくに従って、ソファーの下でそれを聞いているアナトールの思いが醸成されていったと考えられる。

そして、吹き出しを書く活動に促されて、Ｈ子は、「ひどいや。そこまで言われたら、もうたまらない。」と書き込んでいる。そして、次の音読発表（グループ）では、逆に、アナトールがそこまで言われて、たまらなくなる気持ちになるように「ねずみってやつは、どろぼうとおんなじさ。」を読もうとして、より強い口調で音読したと考えられる。

さらに、吹き出しを書くことによって、同化が促され、アナトールの気持ちが分かってくるので、次の場面（次時）の「でも、ぼくは、人間があんな言い方をするとは、ゆめにも思わなかったよ。」の会話を、アナトールの気持ちに、より接近したものとして音読していったと考えられる。

このように考えると音読が吹き出しを醸成し、吹き出しが逆に、音読を高める働きをしたといえる。

これは、まさに音読と吹き出しの相乗効果である。

⑷　音読劇の発表会

最終場面の音読劇づくりが終わると、いよいよ発表会の準備である。これまでに書きためたワークシートをもとに練習していくわけである。この段階で、音読練習をしながら、ワークシートを読み返し、音読の書き込みや吹き出しを修正していく子どもたちも出てきた。発表会の準備が、学習を振り返る場として働いたといえる。

発表会は、各場面をグループが分担して、リレー方式で行なった。そして、それを録音しておき、最後に録音を聞いて終了とした。

こうした過程で、子どもたちは、音読劇の完成を楽しみ、音読すること、聞くことを楽しむとともに、充実感や達成感を味わったのである。

7　音読づくりと吹き出しづくりの相乗効果を

今回、音読づくりと吹き出しづくりを一セットにして、実践したわけであるが、その有効性については、次のようにまとめられる。

○音読づくりによって、その場面の登場人物の心情のイメージ化が進んでいく。そして、子どもの内面に登場人物の心内語が醸成していき、吹き出しが書きやすくなる。
○吹き出しづくりで登場人物に同化し、徐々に人物に心を通わせていくことによって、心情のイメージ化にはねかえり、音読も高まっていく。

音読づくりと吹き出しづくりが相乗的に作用して、登場人物のイメージが形成されていくのである。そして、そこに働くのが音読力と想像力である。

今回の実践と前掲の「力太郎」の実践をもとにすると、音読づくりと会話（吹き出し）づくりの相乗効果は、図7のように示すことができる。

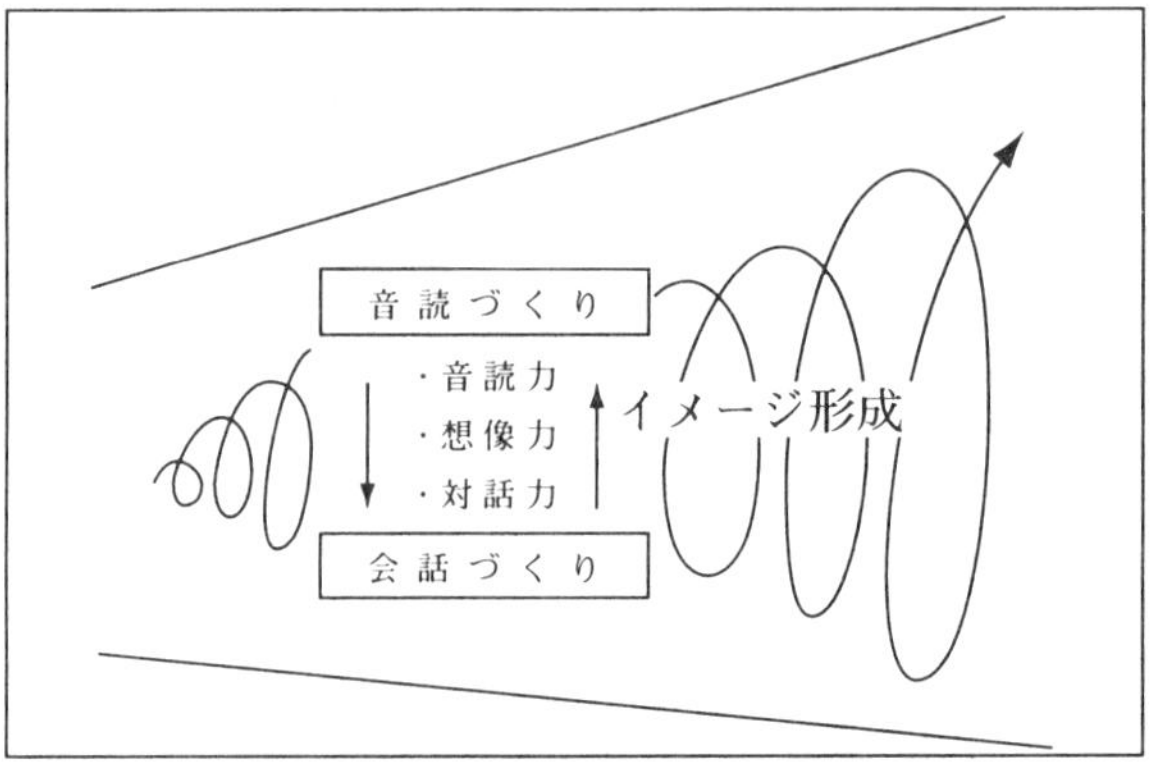

図7　音読と会話づくりの相乗効果

二　対話力を育む

(一)　くらげやいせえびになって【「スイミー」（二年）】

1　紙芝居づくり

低学年の子どもたちは、リズミカルな表現に出会うと、元気よく音読することで、表現を楽しんだり内容をイメージしたりしていく。そこで、本単元では、体言止め・省略・倒置・繰り返しなどの詩の技巧が使用され、読んでリズム感のある「スイミー」を取り上げた。音読を楽しませながら、場面の様子や人物の気持ちをイメージする力に培うことができると考えたからである。

ここでは、紙芝居づくりを表現活動の中核に位置づけることで、子どもたちに主体的な読みを促していくことにした。それは、次のような理由からである。

> ①紙芝居の絵を描くことで場面の様子がイメージされる。
> ②紙芝居の原稿となる本文に登場人物の会話を付け加えることで、人物の心情をイメージすることができる。
> ③紙芝居を上演することで音読にも必然性が出てくる。

こうした考え方に立って、次のような単元の流れ（全十八時間）を設定した。

○第一次　紙芝居をつくろう　（一時間）

読み聞かせをして、感想を発表させ、その後、学習課題「紙芝居をつくろう」を投げかけて、紙芝居づくりの計画を立てさせる。その中で、家族の人に紙芝居を見せて、ほめてもらうための目当てを子どもたちから引き出し、次のように設定する。

> ◎上手な絵を描く。

◎会話を付け加えて楽しくする。
◎上手に読めるように音読練習をする。

○第二次　紙芝居の絵を描こう　（九時間）
【後述】
○第三次　紙芝居に会話を付け加えよう　（六時間）
【後述】
○第四次　紙芝居の練習をしよう　（二時間）
・子どもたちが描いた九枚の絵の裏に、それぞれワークシート（本文と子どもが付け加えた会話が書いてあるもの）を貼り付けて、紙芝居を完成させる。
・上手に紙芝居をするために音読練習をさせる。
・家族の人に紙芝居をして、その様子や感想を作文に書かせる。（家庭学習）

以下、第二次の「紙芝居の絵を描こう」と第三次の「紙芝居に会話を付け加えよう」を中心に、子どもたちの読みの様相を紹介する。

2　絵を描くことで主体的な読みを促す（第二次）

本文を九場面に分け、九枚の絵を描いた。その中の八枚目は、みんなが一匹の大きな魚みたいに泳げるようになるための練習をする場面であり、子どもたちが創造した、本文にはない場面である（図8「K男の紙芝居の絵」参照）。

図８　Ｋ男の紙芝居の絵（大きな魚みたいに泳ぐための練習場面）

紙芝居の絵は、一時間に一枚ずつ描いていった。その際の学習の流れは、次のとおりである。

①本時の場面を音読練習する。
②どんな絵を描いたらよいかを話し合う。
③絵を描く。

(1) 様子のイメージ化を促す

本文の「ドロップみたいな岩から生えている、こんぶやわかめの林。」では、「この文から、どんな絵にしたいと思う？」という教師の問いかけによって、次のように話し合いが進んでいった。

T　ドロップみたいな岩とは、どんな岩？　どんな岩をかいたらいいの？
T　ドロップってなあに？
C　赤とか、オレンジとか色が付いている飴。
C　甘い飴。C　六角形。C　いろんな形。
C　いろんな味もある。
T　そうしたら、ドロップみたいな岩は、どんなにかいたらいいの？
C　ドロップには、いろんな形があるから、いろいろな形の岩をかく。
C　ふつうの茶色とかの岩じゃなくて、飴みたいな、いろんな色の岩をかく。
C　青とか水色とかあって、形も、いろんな形。色も、いろんな色。
C　ドロップは甘いから、甘そうに色も工夫する。（略）

C　本当に食べたくなるようにかく。
T　そうすると、ドロップみたいな岩は、かけそうですか？
C　はい。C　はい。

「ドロップみたいな岩」という本文を手がかりに、「いろいろな形」「いろんな色」「甘そう」で「本当に食べたくなるよう」な岩としてイメージしていったのである。

このようにして、子どもたちは、絵を描くことで場面の様子をイメージしていったのである。

(2)　登場人物への同化を促す

紙芝居の絵を毎時間描いていくうちに、子どもたちは、自然に、絵に登場する人物に吹き出しを付けていった。そして、吹き出しを付ける子どもの人数が、絵を描くにつれて、だんだん増えていったのである。このことは、絵を描くことが、登場人物への同化を促し、子どもたちの内面に人物の会話が醸成されていったことを示している。

3　会話づくりで読みを活性化する（第三次）

第二次に絵を描くことで人物の会話が醸成されたので、第三次では、「紙芝居に会話を付け加えよう。」と投げかけた。そして、会話づくりの支援活動として「ペープサート劇」を織り込み、本文の後半「おもしろいものを見る」場面から、「くらげ」「いせえび」「うなぎ」「いそぎんちゃく」「スイミー」「赤い魚」の会話を付け加えさせることにした。特に、「みんなが大きな魚みたいに泳げるように練習する場面」「大きな魚みたいに泳げるようになった場面」「大きな魚を追い出した場面」では、「ペープサート劇」と「お面をつけての話し合い」を一セットにして、会話づくりをさせた。これは、スイミーや小さな赤い魚たちの言動を豊かにイメージさせようとしたからである。その際の学習の流れ（一時間分）は、次のようにした。

①本時の場面を音読練習し、登場人物の行動について話し合う。
②【ペープサート劇】でスイミーや小さな赤い魚たちの会話をつくる。
③スイミーや赤い魚たちを見ていた、くらげ・いせえび・うなぎ・いそぎんちゃくの【お面をつけて話し合い】、会話をつくる。
④子ども一人ひとりがワークシートに会話を付け加える。

以下、大きな魚を追い出した最終場面の授業を紹介する。

⑴　**ペープサート劇**

スイミー（一人）と小さな赤い魚たち（六人）は、劇の中で、次のように会話していった。

C　準備はいい？　C　うん、いいよ。
C　じゃあ、行こう。　C　うん。（略）
C　やったあ、追い出せたぞ。　C　ほんと。
C　みんなが頑張ったから追い出せたね。　C　うん。
C　もう、みんな、自由に暮らせるよね。　C　うん。
C　どこへでも行けるよね。

スイミーや小さな赤い魚たちが「頑張った」こと、その結果、「自由」な世界を手に入れたことをイメージしているといえる。

(2) お面をつけての話し合い

ペープサート劇をした後、四人の子どもたちがそれぞれ「くらげ」「いせえび」「うなぎ」「いそぎんちゃく」のお面をつけて、次のように話し合いを進めていった。

S子　やったあ。成功したじゃないか。
M子　大きな魚を追い出してくれて、これで平和な海に暮らせるぞ。
H男　自由だね。
S子　私たちも、どこでも遊べるね。
T子　そうだね。
H男　遊びまくろう。
T子　大きな魚を追い出せたから、思いっきり遊んでみようよ。
H男　そうだね。
M子　あんな大きな魚を追い出して、すごいね。
T子　本当だね。
S子　スイミーと小さな赤い魚たちを合体したから、大きな魚より、もっともっと大きな魚になれたんだね。
M子　そうだね。
M子　スイミーと小さな魚たちが協力したからだね。
S子　うん。
H男　まぐろも追い出せて、平和な海にしてくれたね。
T子　また一緒に遊べるね。

H男　うん。
S子　また、前みたいに、平和な海になって、一緒に遊べるね。
H男　うん。

子どもたちの会話から、「スイミーと小さな魚たちの協力」「平和な海」という新たなイメージが形成されていったことを見取ることができる。これは、周辺人物であるくらげやいせえびたちのお面をつけて話し合うことによって、スイミーたちを対象化することが可能となったためであろう。そして、このような「話す・聞く」活動を通して、子どもたちの内面には、「異化」の視点でのスイミーのイメージが醸成されたであろうと判断して、子ども一人ひとりに会話をワークシートに書かせた。劇や話し合いには参加しなかったN子は、次のように書いている。

【N子のワークシート】


（くらげ）　スイミーが、さくせんかんがえたのせいこうしたんだね。とってもすごいことだよね。

（いせえび）　ほんとだね。

（うなぎ）　うん。ほんとうにスイミーってかしこい魚だね。

（くらげ）　ほんとうに天さいだね。

（いそぎんちゃく）　うん。あたまがいいんだね。

（うなぎ）　ほんとうにあたまがいいね。

（みんな）　とってもすごいね。


N子の会話づくりで着目したいのは、「スイミーの賢さ」をいせえびやくらげたちが、ほめたたえている点である。これは、劇や話し合いでは、話題にならなかったことであり、N子のオリジナルな読みである。ここに、読みが活性化した姿があるといえる。

しかしながら、いきなりワークシートに書かせたのでは、こうはならない。絵を描くことによる同化の促しやペープサート劇、お面をつけての話し合いといった一連の学習が、子ども一人ひとりの読みを活性化していったからである。

特に、登場人物の会話を創造していくことが、新たなイメージを広げる上で重要な支援活動となったのである。

(二) いろりを囲んで語り合おう【「ごんぎつね」(四年)】

1　対話を生み出すために

読書生活において、読み取ったことを自分なりに咀嚼し、納得したものにすれば、何らかの感想が生まれるはずである。ことばからイメージしたものやことについて、自分の心を通わせ、思ったり考えたりしていくプロセスを通してこそ、感想は形成されていくのである。

それでは、感想を生み出していくプロセスをどのように単元に位置づけていけばよいのであろうか。

(1) 教材との対話

子どもたちの感想を、内面から沸き上がったものにするためには、まずもって、登場人物に心を通わせる必要がある。そこで、ごんや兵十の「つぶやき」を書き加えさせることで、ごんや兵十になりきらせる、つまり、同化させながら、ごんや兵十のイメージを形成させていく。子どもたちは、ごんや兵十の「つぶやき」を書きながら「教材と対話」していくわけである。

(2) 仲間との対話

ごんや兵十にたっぷり同化させ、ごんや兵十に心を通わせることは大切であるが、ごんや兵十に同化したままでは、感想は醸成しにくいと考える。そこで、ごんや兵十を対象化してとらえる、つまり、異化してとらえることが必要になってくる。そうすれば、ごんや兵十の気持ちを感じ取った上で、「僕はそういうごんを～と思う」、「私はそういう兵十を～と思う」というような感想が持てるようになると考える。そこで、ここでは、ごんや兵十を異化してとらえる場として、「茂平爺さんや村の子どもたち」という肩書を設定して、いろりを囲んで「仲間と対話」させることにした。そうすることで、対話に必然性が生まれ、肩書を借りて、感想が出しやすくなると考えたからである。そして、話しながら考えたり、考えながら話したりする働きを最大限に発揮させるために、あらかじめ原稿を書かせないで、即興で行なうことにした。

(3) 自己内対話

さらに、子ども一人ひとりに、茂平爺さんと子どもたちとの対話を脚本形式で創作させることで、ごんや兵十についての自問自答を促し、ごんや兵十に対する感想を高めさせるようにした。つまり、「自己内対話」の場として脚本づくりを位置づけたのである。

2 単元の構成

単元構成に当たっては、「教材との対話」としての『つぶやきづくり』、「仲間との対話」としての『いろりを囲んで語り合おう』、「自己内対話」としての『脚本づくり』の三つを一セットにして、物語の節目に合わせて、三回繰り返すことにした。というのは、これら三つの活動が相互に作用し合って、同化か

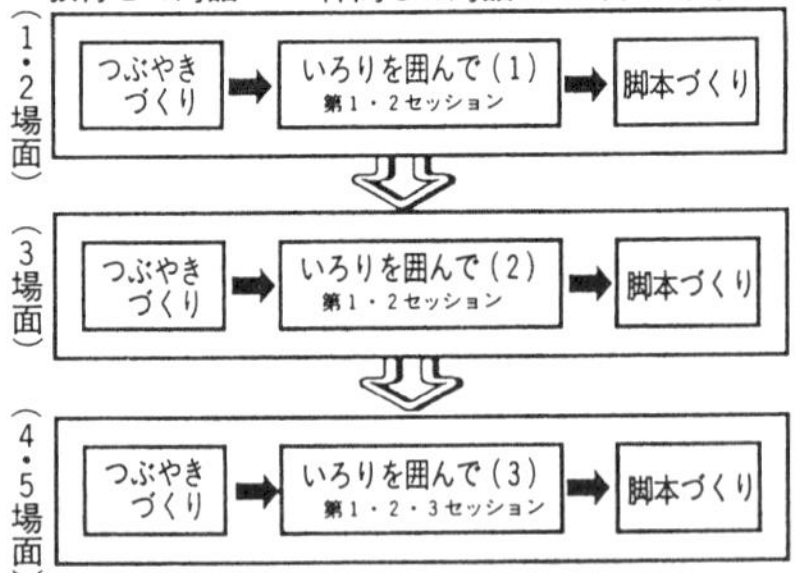

図9　単元構成（第二次・15時間）

ら異化への読みがスムーズになされ、感想が醸成されやすくなると考えたからである。一回目は、「……あんないたずらをしなけりゃよかった。」まで。二回目は、「松たけも二、三本、持っていきました。」まで。そして、三回目は、最終場面が終わってという設定である（図9「単元構成」参照）。

3　対話の場

「いろりを囲んで」の対話の場（環境構成）として、教室の中央に、いろりを囲んで、茂平役と子ども役を置くことにした。そして、その外まわりに、ごん役と兵十役を置いた。いろりを囲んで語り合う場は、「作品が醸し出す世界」。ごん役と兵十役は、「作品世界」というわけである（図10「対話の場」参照）。

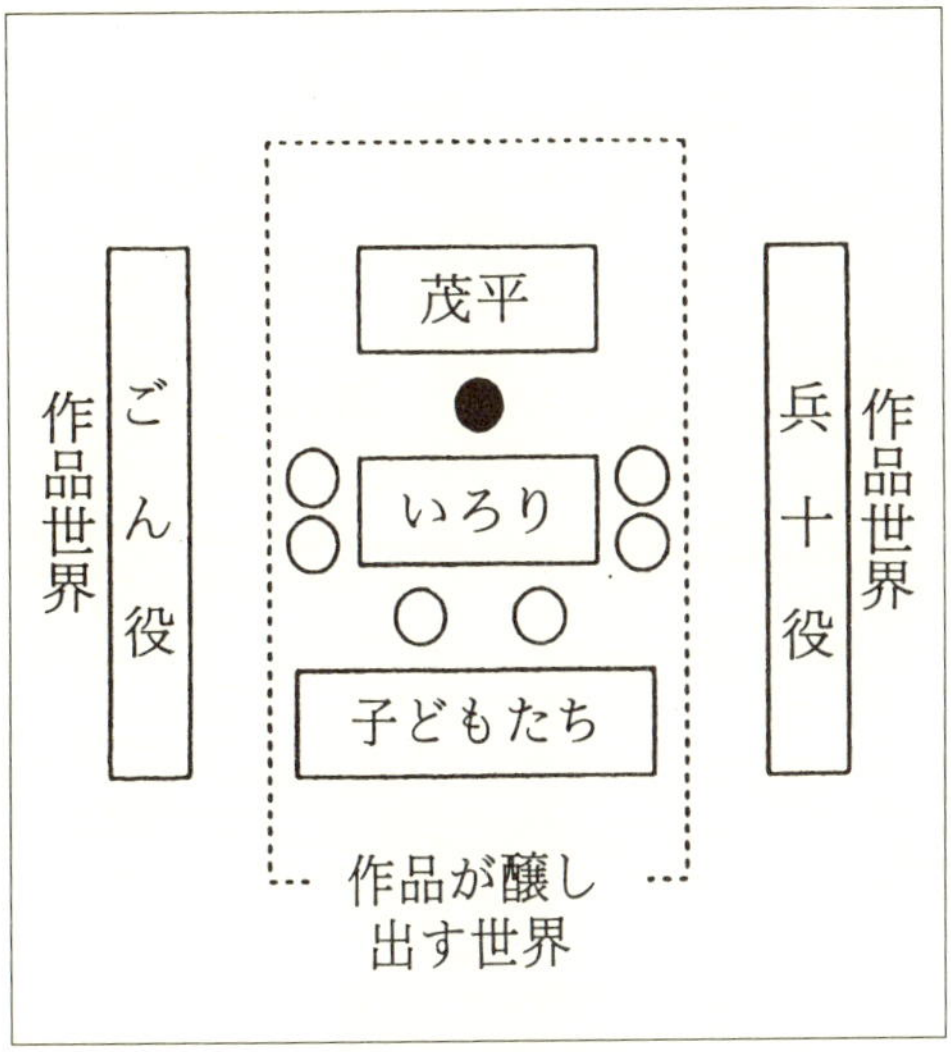

図10　対話の場

4　茂平爺さんや子どもたちになって語り合う

「いろりを囲んで語り合おう」の一回目では、子どもたちは、ごんの行動から人柄をイメージし、そのことを中心に感想として出してきた。その一部分を次に紹介する。

H男　ちょ、あんないたずらしなきゃよかったと、ごんは、思ったそうじゃ。どうだ。この話を聞いて、何か、話さんか。
T男　何となく感想が出てきそう。
H男　おお、お前はすごいのう。感想があったら、どんどん言ってよ。
T男　ちょ、あんないたずらをしなきゃよかったのところでさあ。

H男　おお、何じゃ、何じゃ。
T男　ごん、反省できそうな、いいきつねだと思うなあ。
R男　ぼくもそう思うよ。
H男　ごんは、なあ。
R男　いたずら好きでもさあ。優しい所もあるんだよね。茂平爺さん。
H男　おお、そうじゃのう。あのいたずら好きのごんものう。

対話するうちに、「反省できそうな、いいきつね」とか、「いたずら好き」とか、「優しい所もある」とか、ごんの人柄が浮かび上がっていった。

しかしながら、いくら、前もって「つぶやきづくり」をしながら、本文を読んでいるとはいえ、読みの不十分な所も残っているものである。ここでも、ごんの行動にかかわるキーワードのイメージ化が十分でないことが、対話の中で浮かび上がることもあった。その例を次に示す。

R男　それより、ごんて、毎日は、どうやって暮らしてるんだろうなあ。
T男　ぼくは、たぶん、いたずらは、ほんのちょこっとぐらいじゃないのかなあと思うな。
R男　どうなんかなあ。でもさあ、……

この時、教師がストップをかけ、まわりにいるごん役の子どもたちに、「ごんさん、いたずらは、ほんのちょこっと?」というふうに問い返してみた。作品の内なる世界にいるごん役の子どもたちに活躍してもらおうというわけである。すると、ごん役の子どもたちは、「夜でも昼でもだよ。」、「一人ぼっちで寂しいから、しょっちゅう村へいたずらをしに出ていた。」というように発言してきた。こうして、子どもたちは、本文に立ち返りながら、寂しさをまぎらわすためにいたずらをするごんのイメージを深めていったのである。

また、意見が対立するようなこともあった。その例として、「いろりを囲んで」の二回目の一部を次に紹介する。

N男　……ごんは、すごく後悔して、栗とかを持って行ったと思う。
Y子　でも、ごんさあ。栗や松茸見つけるの、たぶん、大変だろうね。
A子　そうかなあ。ごんてさあ。ずうっとずうっと山の中にいたんでしょ。だから、いいところがあるとか、知ってるんじゃない。だから簡単に見つけられるんじゃあないの。

この場合も、教師がストップをかけ、ごん役の子どもたちに、「栗を見つけるのは、簡単なの？　大変なの？」と問い返してみた。すると、子どもたちは、「場所は、知ってる。ごんぎつねをなめちゃあいけないよ。」とか「でも、その場所へ行くまで、だいぶ歩かんといけんし。」とか「いがいがから、くりを出すのが結構大変だったんじゃあないの。」とか言いながら、「苦労して、兵十の家に持って行った。」という結論にたどりついた。こうして、意見の対立を契機に、ごんの償いのひたむきな気持ちを深めていったわけである。

このように、読みの不十分な所が浮かび上がったり、意見が対立したりしたときの教師の問いかけを契機にして、子どもたちは、本文に立ち返り、教材と再度対話したり、自分の読みを振り返ったりしながら、ごんのイメージを深めていったといえる。

5　話題は「ごん」から「兵十」へ

次に、最終場面終了後に行なった「いろりを囲んで」の三回目。その第二セッションの一部を次に紹介する。

Y子　そうじゃのう。ほかに感想はないか。
T子　でもさあ。兵十が、ごんを撃った時さあ。ごん、かわいそうだと思うよ。だって、ごんは、うなぎの時は、いたずらをしたけど、ただ、栗や松茸を持って来ただけなんだから。
Y子　まあなあ。兵十は、さっき、えっと。さっきのう。言った通りになあ。その時までは、兵十は、ごんが、また栗や松茸を持って来ていることを知らなかったんじゃけいなあ。撃ち殺しても当たり前じゃろう。
E子　兵十さあ。ごんが何をしてるかを見てから撃ち殺さなかったのかなあ。
Y子　そのときはのう。
M男　憎しみと恨みで頭がいっぱいじゃったんじゃあない。
Y子　そうじゃなあ。

これまで、ほとんど話題がごんについてだったのが、兵十についても話し始めた。これは、ごんへの同情が募っていった一方で、兵十に対する感想（同情）も子どもたちの内面に醸成され始めたためと考えられる。そこで、兵十に話題を焦点化させるため、司会者である茂平役に、兵十について話し合うように指示し、第三セッションを進めて行なった。その後、「いろりを囲んで」の三回目を各自が脚本形式で創作した。

次に、K子の書いた脚本の一部を紹介する。

【K子の脚本】

かん太　うーん、ちがう話になるけどさー、なんかとってもうたれたごんってかわいそうだよねー、も平じーさん。
も平　あーそうじゃなー、とてもかわいそうじゃなあ。ここらへんで兵十にいくかな。さー兵十のことでなんかないかなー。どんどんはっぴょうせいや。

きね子　うーんあるある。兵十は土間のくり、とってもおどろいただろうなー。そう思うでしょう。
なな子　思う。思うよー。話はかわるけど、あの兵十さー。うったあと、ひなわじゅうを落としてさー。とても強くだきしめて、なきわめくだろうなー。そんなところを頭に思いうかべると、とてもかわいそうなんだなー。これがよ。
かん太　うん。おれまでなみだがでてきそうだぜ。

K子は、「兵十のことでなんかないかなー。」と自分自身に問いかけ、それに対する自分の思いを「なな子」に託して表現している。「とても強くだきしめて、なきわめくだろうなー。」という表現は、兵十の思いに浸りつつも兵十の姿を思い浮かべるという同化と異化が融合されたものといえる。そして、そうした兵十の姿を対象化できたからこそ、「とてもかわいそうなんだなー。」、「なみだがでてきそうだぜ。」という表現へとたどりついたものと考えられる。

このような兵十像がK子の内面に生まれたのは、「いろりを囲んで」の仲間との対話により、自分の心の中にある兵十に対する思いを自らの力で徐々に対象化していったからであるといえる。

㈢　トークを授業の表舞台に

1　トーク再発見

「先生、きのうね。……」と言って、体全体で話してくる一年生。話すことによって、自分の存在を確かめているかのようである。また、休み時間ともなると、友達同士数人が、うちとけた雰囲気で、うなずき合いながら会話を交わしている光景をよく見かける。いわゆるトーク——子ども版井戸端会議といってもよかろう——を楽しんでいるのである。トークを通して、お互いに聞きたい話したい話題のもとで、子どもたちは、いろいろな情報を交わしているのである。

こうした、うちとけた対話、いわゆるトークを授業に持ち込み、読みを自由に語り合う楽しさを子どもたちが味わうようにしたいと考える。しかしながら、日々の授業を反省してみると、「この時の気持ちは？　様子は？」型の発問や「なぜ……したのだろうか」式の課題によって、話す話題を絞りすぎてしまい、子どもたちにとっては、感じ取ったり読み取ったりしたことを話したいけれど話せないという状況をつくっているのではないだろうか。また、教師が読み取らせることに汲々として、子どもたちの素直な読みを閉ざす結果になってしまってはいないだろうか。教師が発問を繰り返せば繰り返すほど、子どもたちの素直な読みは、心の奥にしまい込まれてしまうのである。

それとは逆に、子どもたちが抱いている読みを自由に語り合える状況をつくることができれば、トークを楽しみながら自然に読みが深まっていく可能性が生まれて来よう。もっと言えば、これまで行なわれてきた発問応答式の話し合いや、ディベート方式とは異なり、最初は自由性のある話題から入り、あれこれと話すうちに子どもたちが自然に話題を絞り込んでくるような「対話の場」、即ち、トークを授業に持ち込みたいのである。

発問重視、課題重視型の授業から、トーク（対話）重視型の授業への転換である。

2　トークを表舞台にのせるために

読みの発達傾向として、低学年では、人物に同化しやすく、高学年になるに従って作品を異化して捉えることができるようになってくる。こうした点を踏まえると、トーク（対話の場）を文学教材の授業に持ち込むためのポイントは次のようになろう。

(1)　周辺人物をさがせ！

低学年では、「周辺人物になって対話する場」を設定することがポイントとなる。まずは周辺人物をさがしてみよう。例えば、「スイミー」(光村二年上)ではどうであろうか。兄弟たちがまぐろに飲み込まれ悲しむスイミーは、くらげ・いせえびたちと友達になり元気を取り戻し、小さな赤い魚たちと海でいちばん大きな魚みたいに泳ぐ作戦で、まぐろを追い出す場面。ここでは、周辺人物のくらげ・いせえびたちは、中心人物のスイミーの様子を見守り応援する場面が想像される。そこで、周辺人物のくらげ・いせえびたちのお面をつけて話し合わせてみるのである。このように、中心人物を異化して捉えられるように、「周辺人物に同化して対話する場」を設定するのである(図11の(ア)参照)。

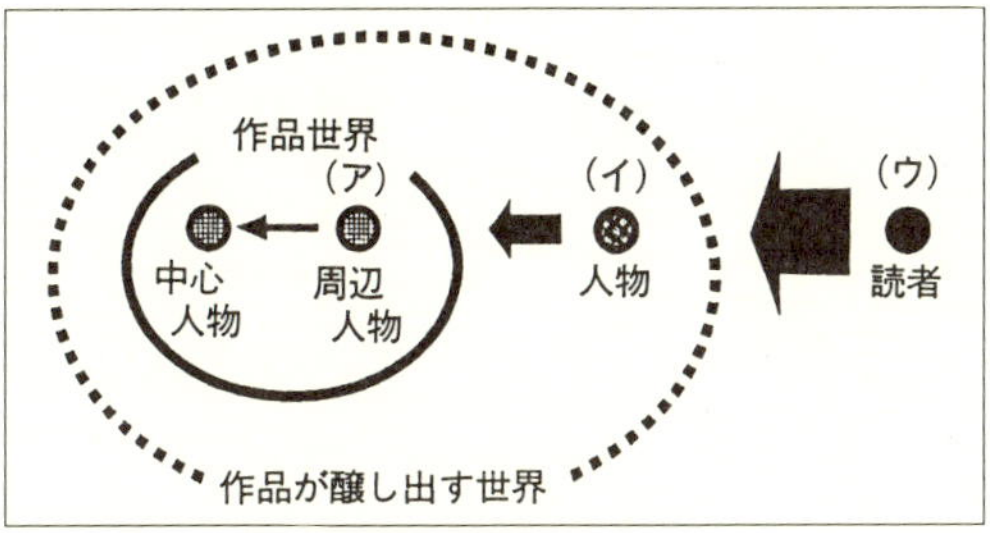

図11　対話の場

(2)　「作品が醸し出す世界」を想像しよう

中学年では、「作品が醸し出す世界」を設定することがポイントとなる。まずは、教師が想像の世界で遊んでみよう。例えば、「ごんぎつね」(光村四年下、他)の冒頭文からは、茂平爺さんが、いろりを囲んで村の子どもたちに、「ごんぎつね」の話を語り聞かせている。語り終わると茂平爺さんが、「どうじゃな、子どもたち。」と言って、子どもたちから感想を引き出そうとする。そういう世界(作品が醸し出す世界)がイメージされてくる。そこで、子どもたちに「茂平爺さんや村の子どもたち」という役を演じさせ、「いろりを囲んで語り合おう」という学習課題を投げかけてみるのである。このように、「『作品が醸し出す世界』から作品世界を眺めて対話する場」を設定するのである(図11の(イ)参照)。

(3)　トーク番組を企画する

高学年では、トーク番組や座談会を授業に設定することがポイントとなる。例えば、トーク番組であれば、「注文の多い料理店」（東書五年下、他）を読み終わった後、「二人の紳士の人柄」について、ゲスト・司会者・番組参加者（フロアー）・テレビ視聴者等の肩書を設定して対話していくのである。このように、トーク番組や座談会のような「一読者として作品が捉えられる場」を設定するのである（図11の(ウ)参照）。

「表現に拓く国語の授業」の創造

――「あとがき」にかえて――

「表現に拓く国語の授業」をめざした私の国語教室は、今からさかのぼること十九年前、兵庫教育大学学校教育学部附属小学校に赴任した昭和五七年四月から、自覚的に始まった。この年は、附属小学校創立三年目にあたり、全学年の児童が揃い、教職員の組織も整って、名実ともに新生の小学校となった年である。また、研究も教科部ごとにテーマを設定して共同研究をスタートさせた年でもあった。国語部は、広田隆志先生（主任）、本田泰弘先生、それに私の三名で、「理解で培った力を表現に生かす国語科学習」というテーマを掲げて共同研究に入った。

それ以来、広田先生や本田先生に、テーマに関する実践について色々と教えていただく中で、この研究テーマは、いつしか私のライフワークとなり、今日に至るまで私の心に息づくこととなった。

そして、初代の長谷川孝士校長先生（兵庫教育大学名誉教授）から、幸せにも、国語科教育論について折りに触れて拝聴することができ、私のテーマへの探究心をさらに増幅させていった。特に、

「国語教育の究極のねらいは主体的な国語表現者の育成にあると言ってよいのであるが、その意味で『理解から表現へ』あるいは『理解に支えられた表現』『理解をつつみこんだ表現』が考えられなければならないであろう。『理解能力』と『表現能力』とを平面的に並べるのでなく、両者の融和・止揚・統合による高次の『表現力』への志向が強く求められる。」（『ひびきあう国語教室の創造』三省堂）

という実践者への問いかけは、私の研究テーマ解明への拠り所となった。

また、今回心温かい序文を賜った兵庫教育大学学長の中洌正堯先生には、私が附属小学校に赴任して以来、今日に至るまで、御指導をいただいており、国語部の研究テーマに関わっても、附属小から先生の研究室までは近いせいもあって数多くのアドバイスをいただいた。その中で、

「作文、作文ときわだたせないで、しぜんのうちにはこぶという面を多くしていきたい」(『国語科表現指導の研究』溪水社)

という提言は、私の実践の指標となった。

私の国語教室は、「高次の『表現力』」を育みたいという願いを、子どもの学習の文脈に即して、むりなく自然な流れで単元に組み込んで、表現へと「しぜんのうちにはこぶ」授業づくりを目指してきたのである。具体的には、

○子どもたち自らが自らの表現を拓いていく国語の授業
○子どもたちの思いを広げたり深めたりして、表現へ拓いていく国語の授業

の創造である。

本書の書名を「表現に拓く国語の授業」としたゆえんは、ここにある。

今日までの私の実践を振り返ってみると、表現に拓く国語の授業を創造していくための枠組みは、次の四点に集約することができる。

① 「読む」中で書くことを核にして作文力へと拓いていく単元づくり
② 作文力そのものを育む単元づくり

③「読む」中で音読や対話を核にして音声表現力へと拓いていく単元づくり
④ 音声表現力そのものを育む単元づくり

兵庫教育大学附属小での実践は、枠組み①から②への実践が中心であったが、十一年間に及ぶ兵教大附属小を後にして、平成五年度からの三年間の山口大学教育学部附属光小学校での実践は、枠組み②から③へ、さらに④へと展開していった。今回、枠組み④については、実践事例は掲載できなかったが、表現に拓くにあたっては、枠組み④の単元開発、さらには、枠組み①〜④をいかにカリキュラムに組み込むかが今後の大いなる課題である。

＊枠組み④の「音声表現力そのものを育む単元」の開発
＊枠組み①〜④を組み込んだ「学年ごとのカリキュラム」の開発

さて、本書の出版を決意したのは、平成十一年秋であった。折しも、新米教頭職に専念していた年であり、亀よりものろい作業の進展状況で、原稿が整うまでに一年、さらに出版にこぎつけるまでに一年が過ぎてしまった。こうした私に対して、絶えず励まし続けてくださったのは、兵教大附属小時代からご指導をいただいていた長崎伸仁先生（現、山口大学教育学部教授）であった。長崎先生には、本書の内容・構成面においても、色々とアドバイスをいただいた。心から感謝申し上げたい。

また、長崎先生主催の「国語教育探究の会中国支部」に集う若き会員たちの定例会・研究会での発表が、時折無くなりそうになる私の出版へのエネルギーを増幅してくれた。会員の皆さんには、本当に感謝する次第である。

最後に、本書の刊行に際し、溪水社の木村逸司氏、坂本郷子氏には、格別のご高配にあずかった。厚くお礼を申し上げたい。

平成十三年（二〇〇一年）七月

尾川佳己

初出誌一覧

本書を構成するにあたり、次に掲げる諸論考に若干の修正を加えた。

第Ⅰ章　理解で培った力を表現に生かす

第一節　理解で培った力を表現に生かすための枠組み

○「理解で培った力を表現に生かす国語科単元学習の試み」、長谷川孝士教授退官記念論文集『言語表現の研究と教育』、三省堂、二二九〜二五八ページ、一九九一年。

第二節　読み取ったことを表現する

○「『絵本づくり』の授業過程をさぐる〜『たんぽぽのちえ』(第二学年)の場合〜」、国語教育研究報告・実践記録集『凱風』第八集、凱風会、一〇〜二〇ページ、一九九六年。

○「子育て日記をつくろう〜『一つの花』(今西祐行)〜」、中洌正堯・兵庫教育大学附属小学校『〝記号科〟で国語教育を見直す』、明治図書、一二四〜一三〇ページ、一九九六年。

第三節　読み取った文章や構成にならって表現する

○「みんなで楽しむ詩のリズム〜『食べもの』(なかえとしお)・『なわ一本』(高木あきこ)・『年めぐり―しりとり唄―』(阪田寛夫)〜」、中洌正堯・兵庫教育大学附属小学校『〝記号科〟で国語教育を見直す』、明治図書、一一八〜

一二三ページ、一九九六年。

○「再構成と論理形成を重視した授業過程を」、『教育科学国語教育』五四一号、明治図書、二五〜二八ページ、一九九七年。

第四節　創造的に表現する

○「実践例①〜第一学年〜」（共著「理解で培った力を表現に生かす国語科学習（Ⅲ）〜第3の表現の実践を中心にして〜」所収）、兵庫教育大学附属校園『研究紀要』第五集、四〜七ページ、一九八五年。

○「子供が楽しんで取り組む作文の授業づくり②〜挿入話を書く（第一学年）〜」、『国語教室』三三一号、青玄会、六〜八ページ、一九九八年。

第Ⅱ章　表現力を育む

第一節　作文力を育む

○「ことばのへや」、中洌正堯・兵庫教育大学附属小学校『〝記号科〟で国語教育を見直す』、明治図書、七八〜八三ページ、一九九六年。

○次に掲げる拙稿をもとに、筆者が担任した山口大学教育学部附属光小学校二年一組における一九九五年の実践を今回書き下ろしたものである。

・「四こま漫画を取り入れた作文単元の試み〜会話文の指導の場合〜」、『国語教育研究報告・実践記録集』第二集、凱風会、三五〜四〇ページ、一九八九年。

・「四こま漫画を使った作文指導〜二年生の場合〜」、国語教育研究報告・実践記録集『凱風』第五集、凱風会、六七〜七七ページ、一九九三年。
○「子供が楽しんで取り組む作文の授業づくり①〜他者の視点に立って書く（第四学年）〜」、『国語教室』三三〇号、青玄会、八〜一〇ページ、一九九八年。
○「書くことの必然性を醸成する作文の授業づくり〜単元『ハーブティーのパンフレットをつくろう』（第二学年）の場合〜」、国語教育研究報告・実践記録集『凱風』第十一集、凱風会、一〇〜一四ページ、一九九九年。

第二節　音声表現力を育む

一　音読力を育む

○「『力太郎』（第二学年）の授業づくり〜単元『音読劇をしよう』の場合〜」、国語教育研究報告・実践記録集『凱風』第九集、凱風会、十二〜二十三ページ、一九九七年。
○「音読と吹き出しの相乗効果を〜『アナトール、工場へ行く』〜」、『実践国語研究』一五一号、明治図書、三三〜三七ページ、一九九五年。

二　対話力を育む

○「くらげやいせえびになって〜スイミー〜」、山口大学教育学部附属光小学校『子どもとつくる〝授業のコミュニケーション〟』、明治図書、二六〜二九ページ、一九九六年。
○「いろりを囲んで語り合おう〜ごんぎつね〜」、山口大学教育学部附属光小学校『子どもとつくる〝授業のコミュニケーション〟』、明治図書、三〇〜三三ページ、一九九六年。

○「トークを授業の表舞台に」、山口大学教育学部附属光小学校『子どもとつくる〝授業のコミュニケーション〟』、明治図書、二四～二五ページ、一九九六年。

【著者紹介】

尾　川　佳　己（おがわ・よしみ）

1950年山口県生まれ。

山口大学教育学部卒業。同教育専攻科修了。

山口県下松市立笠戸小学校・玖珂郡美和町立阿賀小学校・柳井市立柳東小学校・兵庫教育大学学校教育学部附属小学校・山口大学教育学部附属光小学校教諭、岩国教育事務所指導主事、下松市立花岡小学校教頭を経て、
現在、柳井市立新庄小学校教頭。

全国大学国語教育学会・日本国語教育学会・山口国語教育学会会員。国語教育探究の会中国支部事務局長。


〈主な著作〉
・「『聞き合う力』が育つ指導の系統・小学校低学年の指導の重点」（『教育科学国語教育』540号、明治図書、1997年）
・「個が生きる国語科学習材の開拓～子供にとっての真の学習材を～」（『実践国語研究別冊』196号、明治図書、1999年）
・「情報センターとしての学校図書館・子供と図書館を結ぶ活動の工夫を」（『実践国語研究』203号、明治図書、2000年）他

〈現住所〉
〒742－1353　山口県柳井市大字阿月2134

表現に拓く国語の授業

平成13年9月20日　発行

著　者　尾　川　佳　己
発行所　株式会社　溪　水　社
広島市中区小町1-4（〒730-0041）
電　話（082）246-7909
ＦＡＸ（082）246-7876
E-mali:info@keisui.co.jp

ISBN4-87440-663-7 C3081